EWALD FRIE

Das Schokoladenproblem

DIE VERFASSUNG VON NORDRHEIN-WESTFALEN JUNGEN MENSCHEN ERZÄHLT

Illustriert von Thomas Plaßmann

GREVEN VERLAG KÖLN

Der Text der Landesverfassung Nordrhein-Westfalen ist bei
der Landeszentrale für politische Bildung Nordrhein-Westfalen
erhältlich (www.politische-bildung.nrw.de).

© Greven Verlag Köln GmbH 2009
www.Greven-Verlag.de

Lektorat: Alexandra Rak, Hofheim und Wilhelm Heusch, Bonn
Gestaltung: Thomas Neuhaus, Billerbeck
Gesetzt aus der Frutiger und der ExcelsiorLT
Papier: Fly 06
Lithographie: farbo prepress GmbH, Köln
Druck und Bindung: freiburger graphische betriebe, Freiburg
Alle Rechte vorbehalten
ISBN 978-3-7743-0433-8

Inhalt

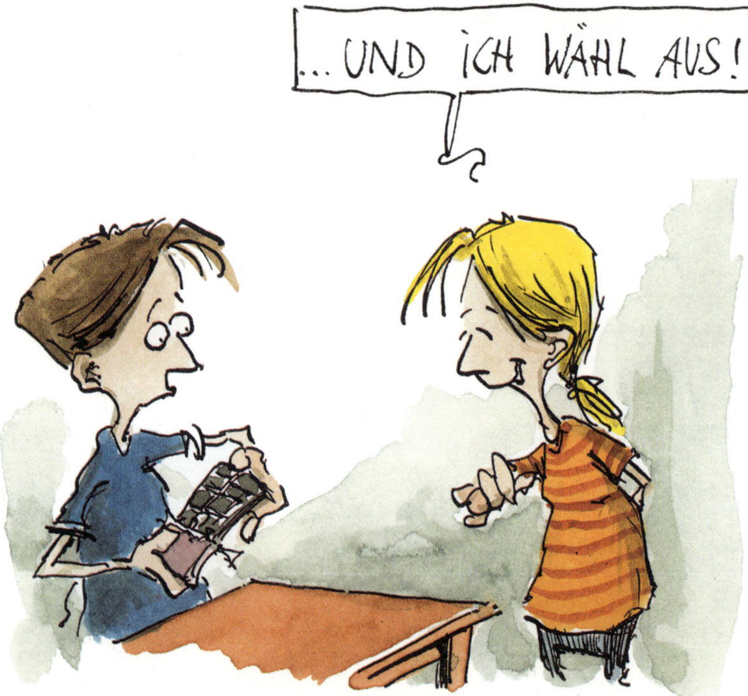
...UND ICH WÄHL AUS!

Das Schokoladenproblem

Als ich ein kleiner Junge war, bekamen wir manchmal sonntags Besuch. Unsere Onkel und Tanten klingelten, und wir machten die Haustür auf. „Mensch, bist du aber groß geworden", sagten die Besucher, strichen uns übers Haar und gingen mit den Eltern ins Wohnzimmer. Was dort passierte, interessierte uns nicht. Das Interessante war längst vorbei. Interessant war der Moment, nachdem die Haustür aufgegangen war. Denn immer brachten die Besucher Schokolade für die Kinder mit. Wer würde sie kriegen? Was würde der, der sie bekommen hatte, damit machen? Er musste teilen, das war klar. Aber wie? Immer gab es den grässlichen Verdacht, dass derjenige, der die Schokolade bekommen hatte, die anderen betrügen und das meiste für sich behalten würde.

Unsere Lösung hieß: Du teilst, ich such' aus. Das ist sehr praktisch. Wenn der, der teilt, ungerecht teilt, wird der, der aussucht, das größere Stück der Schokolade nehmen. Der, der teilt, wird also aus Eigeninteresse fair sein. Er kann natürlich auch versuchen, auf dem Weg ins Kinderzimmer schon einen Teil der

Schokolade aufzuessen. Aber das hinterlässt meistens Spuren (weil er kaut, lutscht, sich verschluckt und hustet oder Schokolade am Mund hat) und führt zu Ärger – erst mit den Geschwistern und später mit den Eltern.

Eine gute Verfassung funktioniert ähnlich. Sie stellt Regeln auf und verteilt Macht so, dass keiner übermächtig wird. Dafür gibt es Gebote (Du musst teilen!) und Verbote (Du darfst nicht die Schokolade aufessen, bevor du etwas abgegeben hast!). Vor allem aber wird dafür gesorgt, dass die Macht geteilt wird (Du teilst, ich such' aus!), keiner alles bekommt und jeder, der einen Teil hat, sich dafür interessiert, dass die anderen auch nur einen Teil haben. Und jeder, der etwas bekommt, muss seinen Anteil entsprechend den Regeln erhalten haben. Sonst gibt es Ärger (böse oder betroffene Eltern!).

Verfassungen gibt es fast überall, wo Menschen zusammen leben. Nicht alle sind aufgeschrieben. Manche gibt es nur in den Köpfen der Menschen. Sie funktionieren aber auch, solange die Menschen sich einig sind. Uns werden nachher nur noch geschriebene Verfassungen für Länder interessieren. Die arbeiten grundsätzlich nicht anders als Regeln, die für das Zusammenleben kleinerer Gruppen gemacht worden sind. Die meisten Schulklassen haben Klassenregeln: Du darfst nicht in die Klasse rufen, die Mitschüler nicht beschimpfen, im Flur nicht rennen usw. Die Regeln sind dafür da, damit alle miteinander auskommen und lernen können. Manche Regeln findest du bestimmt blöd und überflüssig. Aber du hältst dich trotzdem meistens daran. Schließlich weißt du auch, dass Regeln irgendwie nötig sind. Und außerdem: Wer will schon Ärger mit den Lehrern haben?

Lehrer dürfen mehr als du. Aber sie dürfen nicht alles. Wenn sich deine Lehrerin während des Unterrichts ins Regal legen würde, um ein wenig zu schlafen, oder wenn sie sagen würde, dass sie keine Lust mehr hat, euch zu unterrichten, und deswegen jetzt nach Hause geht, würdest du das sicher deinen Eltern erzählen. Die würden sich bei der Rektorin beschweren, und dann würde die Lehrerin Ärger kriegen. Die Rektorin ihrerseits wird von Menschen aus einer Schulbehörde kontrolliert usw.

Gute Verfassungen bestehen aus Regeln, die Macht und Einfluss verteilen. Nicht jeder kann gleich viel bekommen. Schon bei der Schokolade und den Geschwistern lauerten ja, wenn wir ehrlich sind, die Eltern im Hintergrund. Sie bekommen zwar nichts von der Schokolade ab. Aber sie wachen über die Einhaltung der Schokoladenverteilverfassungsregeln. Keiner bekommt aber die ganze Macht, und jeder wird beobachtet und bestraft, wenn er sich mehr herausnimmt, als für ihn vorgesehen ist. Das ist nicht einfach, wenn zwei sich über Schokolade einigen müssen. Wenn eine Schulklasse zusammenhalten muss, ist es noch schwieriger. Und es wird ganz kompliziert, wenn ein ganzes Land mit vielen Kindern, Eltern, Schulklassen, Lehrern, Dörfern und Städten friedlich zusammenleben muss und die benachbarten Länder nicht in Schwierigkeiten bringen soll. Deswegen gibt es keine ideale Verfassung, keine, die überall angewendet wird. Schon die Klassenregeln sehen ja in jeder Schule etwas anders aus. Verschiedene Länder haben erst recht unterschiedliche Verfassungen. Und jede dieser Verfassungen ändert sich im Laufe der Zeit. Sie hat eine Geschichte.

Was ist Geschichte?

Alles ist Geschichte. Das Buch, das du jetzt gerade liest, hat schon eine Geschichte. Als ich anfing, es zu schreiben, wohnte ich noch in Nordrhein-Westfalen, und zwar mitten im Ruhrgebiet. Jetzt, wo du es liest, wohne ich in Baden-Württemberg, zwischen Weinbergen und einem Fluss, der Neckar heißt. Als ich zu schreiben anfing, konnte ich noch „unsere Verfassung" sagen, und wir beide wussten, dass die Verfassung von Nordrhein-Westfalen gemeint war. Mittlerweile ist meine Verfassung die von Baden-Württemberg, und deine immer noch die von Nordrhein-Westfalen. Wenn ich jetzt „unsere Verfassung" schreibe, kann ich eigentlich nur noch eine Verfassung meinen, die gar nicht Verfassung heißt. Das ist das Grundgesetz, das für alle Deutschen gemacht ist, egal ob sie in Nordrhein-Westfalen, Baden-Württemberg, Bayern oder Mecklenburg-Vorpommern leben. Es bildet das Dach für die Verfassungen der einzelnen Länder. Trotzdem kannst du an manchen Stellen des folgenden Buches „unsere Verfassung" lesen, und ich meine dann die Verfassung von Nordrhein-Westfalen. Das sind die Buchteile, die ich geschrieben habe, bevor ich umgezogen bin. Das Buch hat also eine Geschichte – manches, was darin steht, ist schon nicht mehr richtig. Es war aber richtig, als das Buch noch nicht Geschichte war, sondern Gegenwart.

Dieses Buch hat also eine Geschichte, so wie ich eine habe und du auch. Wenn ich das Buch jetzt schreiben würde, würde ich es sicher anders schreiben. Schließlich habe ich in der Zwischenzeit schon wieder Neues dazugelernt. Gott sei dank ist das Buch aber schon fertig, und ich muss nicht mehr daran arbeiten. Als ich mit dem Schreiben fertig war, musste ich einen Menschen finden, der das Buch druckt. Solche Menschen nennt man Verleger. Sie drucken die Bücher meistens nicht selber, dafür haben sie eine Druckerei. Aber sie bezahlen die Druckerei und versuchen dann, so viele Bücher zu verkaufen, dass sie nicht nur die Druckerei bezahlen können, sondern dass für sie selbst auch noch Geld übrig bleibt. Was meinen Verleger angeht, kann ich das verstehen. Schließlich hat er auch Kinder, und die wollen Brötchen essen und ab und zu ins Kino. So hat nicht nur das Buch eine Geschichte, sondern auch der Verleger, die Kinder des Verlegers, die Druckerei und sogar das Kino.

Alles, was sich verändert, hat eine Geschichte. Und weil sich eigentlich alles verändert, hat alles um

uns herum eine Geschichte und wir selbst auch. Du kannst ein Spiel daraus machen. Denk dir eine Geschichte für jedes Teil um dich herum aus. Woher kommt der Schrank, in dem deine Hosen liegen? Woher kommt das Bett, in dem du schläfst? Wer hat den Bettbezug gemacht? Und wie ist er dann zu dir gekommen? Wie sind die Löcher in den Bettbezug gekommen? – Ich meine, wenn wirklich welche drin sind.

Wenn du das Spiel lange genug gespielt hast, wird dir schwindlig. Denn wenn wir erst wissen, dass alles eine Geschichte hat, dann wissen wir auch, dass nichts normal ist. Dass es nicht normal ist, wenn einer sein Frühstücksmesser an der Hose abwischt, das wissen wir. Aber es ist auch nicht normal, wenn man das Frühstücksmesser nicht an der Hose abwischt. Das haben sich die Menschen nämlich erst vor ein paar hundert Jahren abgewöhnt. Vorher machte das jeder. Jedenfalls wenn er ein Messer hatte. Und eine Hose. Beide gibt es nämlich noch nicht ewig. Schon vor 200 Jahren haben Menschen ganz andere Kleidungsstücke gehabt als wir heute. Wenn diese Menschen heute über die Straße laufen würden, würdest du lachen und denken, die sind ja nicht ganz normal. Umgekehrt hätten sie das auch von dir gedacht, wenn du vor 200 Jahren mit Jeans und T-Shirt über die Straße gelaufen wärst. Wir sind alle nicht ganz normal. Normal gibt es nur zu einer bestimmten Zeit an einem bestimmten Ort. Dann verändern sich die Dinge. Manchmal langsam, dann ist das eine Entwicklung. Manchmal schnell, dann ist das eine Revolution.

Weil wir Menschen nicht normal sind, sind wir Menschen. Weil wir Dinge tun, aber auch ganz anders könnten, sind wir anders als Tiere. Wir treffen bewusst Entscheidungen. Deswegen müssen Menschen lernen. Viel lernen. Nicht nur Rechnen, Lesen, Schreiben und Schwimmen. Wir müssen lernen, was gerade in der Zeit und an dem Ort, wo wir leben, normal ist. Das nennt man die Kultur einer Zeit. Damit wir dort leben können, wo wir leben, müssen wir die Kultur kennen. Das lernen wir nicht nur morgens und an Schultagen, sondern jeden Tag und überall: am Frühstückstisch, in der Straßenbahn, wenn wir uns mit Freunden treffen.

Damit wir nicht vergessen, dass wir nicht normal sind, gibt es Historiker. Historiker haben den schönsten Beruf der Welt. Sie machen dauernd Urlaub. Nur anders. Du machst Urlaub, indem du verreist. Du bewegst dich im Raum. Du fährst ins Sauerland, nach Hawaii oder zur Ostsee. Da bleibst du eine Weile, dann kommst du zurück und bist erholt. Historiker bewegen sich nicht im Raum, sondern in der Zeit. Sie sind Zeitreisende. Sie machen Urlaub im Mittelalter, bei den Römern oder bei deinen Großeltern, als sie noch Kinder waren. Natürlich findet die Reise nur im Kopf statt. Denn die Zeit, die vorbei ist, ist vorbei. Wenn dir ein Eurostück in den Gully gefallen ist, kannst du die Zeit auch nicht um eine Minute zurückdrehen, um dann aufzupassen, dass es nicht hineinfällt. Also: die Reise findet im Kopf statt. Historiker lesen Briefe, Akten, Urkunden, Inschriften in Grabsteinen und Denkmälern. Sie schauen Ruinen an, tauchen im Meer nach Schiffwracks, buddeln tausend Jahre alte Klogruben aus. Sie machen alles, um herauszufinden, wie Menschen in früheren Zeiten gelebt haben. Was mal normal war und was nicht. Das ist vielleicht nicht ganz so erholsam wie ein Urlaub an der Ostsee. Aber spannend ist es allemal.

So wie du aus dem Urlaub Fotos, Postkarten und einen Sonnenbrand mitbringst, so bringen die Historiker aus ihren Zeitreisen Karteikarten, Computerdateien und schlechte Augen mit. Die meisten Historiker tragen Brillen, weil die alten Schriften so schlecht zu lesen sind, dass die Augen überanstrengt werden. Außerdem tragen sie graue Klamotten und sehen ein wenig aus wie ein Dachs auf Urlaub. Auf Karteikarten und in Dateien notieren sie, was sie herausgefunden haben. Und so wie du am ersten Schultag einen Aufsatz „Was in den Ferien toll war" schreiben darfst, so schreiben die Historiker auf, wie die Geschichte der Zeit gewesen ist, die sie untersucht haben. Das dauert meistens etwas länger als dein Aufsatz. Erstens sind aus der Vergangenheit nur Bruchstücke übrig – und natürlich das, was frühere Historiker geschrieben haben. Da ist es schwierig, einen Überblick zu gewinnen. Zweitens brauchen Bücher länger als Aufsätze, weil sie eben länger sind.

Was du jetzt gerade liest, ist so ein Buch. Es ist ein Buch über die Verfassung von Nordrhein-Westfalen. Weil die Verfassung auch eine Geschichte hat, die mit vielen anderen Geschichten zusammenhängt, ist es auch ein Buch über die Welt deiner Großeltern, deiner Eltern und ein wenig auch über deine Welt. Es ist eine Geschichte der Gegend, in der wir leben, und der Zeit, an die sich deine Großeltern noch erinnern können.

Wie lang sind sechzig Jahre?

Die Geschichte Nordrhein-Westfalens begann vor sechzig Jahren, sagen die Historiker, die sich mit Geschichte auskennen. Gut – aber: Wie lang sind sechzig Jahre? Sechzig Jahre sind ein Jahr und noch ein Jahr und noch ein Jahr, bis man eben bei sechzig angekommen ist. Jedes Jahr besteht aus 365 Tagen oder 8.760 Stunden oder 525.600 Minuten oder ungefähr einunddreißigeinhalb Millionen Sekunden. Sechzig Jahre macht dann etwas mehr als 21.900 Tage oder 525.600 Stunden oder etwas mehr als drei Millionen Minuten oder einhundertneunundachtzig Millionen Sekunden. Ziemlich große Zahlen. Kein Mensch kann sich das vorstellen. Historiker schon gar nicht. Sonst hätten sie Mathematik studiert und nicht Geschichte.

Versuchen wir es anders: Kennst du irgendwas, das sechzig Jahre alt ist? Der Stuhl, auf dem du gerade sitzt? Dein Pullover, dein T-Shirt, deine Spielzeugautos? Die Tapete an der Wand? Das Auto deiner Eltern? Wahrscheinlich ist das alles jünger als du selbst. Die meisten Dinge um uns herum sind erstaunlich jung. Wir denken nur, dass sie immer schon da waren, weil wir uns an sie gewöhnt haben. Aber eine lange Geschichte haben sie meistens nicht.

Was ist mit deinen Eltern? Deine Eltern sind natürlich älter als du. Sie sind viele Jahre älter, denn sie waren schon erwachsen, als du geboren wurdest.

Trotzdem sind auch sie wahrscheinlich noch keine sechzig Jahre alt. Aber es gibt ja noch Oma und Opa. Die sind wahrscheinlich schon sechzig Jahre alt. Das liegt daran, dass sie die Eltern deiner Eltern sind. Sie waren also schon erwachsen, als deine Eltern geboren wurden, und die waren wiederum schon erwachsen, als du geboren wurdest. Vielleicht ist dein Opa gerade 65 geworden? Dann war er vor sechzig Jahren – genau: ein Kindergartenkind. So lang ist die Zeit ungefähr, über die wir reden: Es ist die Zeit, die man braucht, um als Kindergartenkind Opa zu werden. Oder Oma, je nachdem.

Das Schwierige ist nun, dass wir versuchen müssen, uns noch mehr Zeit vorzustellen. Denn natürlich ist das Land Nordrhein-Westfalen nicht vor sechzig Jahren vom Himmel gefallen und war – peng – auf einmal da. Es gab schon eine Geschichte vor dieser Geschichte, und ich muss sie ebenfalls erzählen. Sonst ist die Geschichte Nordrhein-Westfalens schwer zu verstehen. Ich werde vor 200 Jahren anfangen. Das sind drei Opas hintereinander und noch ein wenig mehr. Ich wette, dass du nur ganz wenige Dinge kennst, die 200 Jahre alt sind. Menschen nicht, denn die können nicht so alt werden. Auch Tiere können nicht so alt werden, außer Meeresschildkröten, glaube ich. Die meisten Häuser in deiner Stadt oder deinem Dorf sind auch jünger, aber ein paar ganz alte mag es geben, die 200 Jahre alt sind. Und Bäume sind oft älter. Eichenbäume können mehr als tausend Jahre alt werden. An denen sind schon im Mittelalter die Ritter vorbeigaloppiert. Die gab es aber vor 200 Jahren

längst nicht mehr. Aber Pferd und Wagen waren noch die wichtigsten Verkehrsmittel. Die meisten Menschen gingen allerdings zu Fuß – auch Roller, Dreiräder, Fahrräder, Autos und Eisenbahnen gab es noch nicht. Zu Fuß gehen war vielleicht auch bequemer als Kutsche zu fahren. Die wenigen Straßen, die es gab, waren schlecht. Deswegen holperten die Kutschen ganz fürchterlich, und die Menschen drinnen stießen mit den Köpfen zusammen. Dann sagten sie „Excusez moi", das ist Französisch und heißt „Entschuldigung".

Denn viele Menschen, die vor 200 Jahren mit der Kutsche fuhren, waren Adelige, und die sprachen in ganz Europa Französisch miteinander. Das taten sie aber nicht mehr lange – denn schon bald wurde es modern, sich in der Landessprache zu unterhalten. Da wo wir leben, war das Deutsch. Und genau in dieser Zeit, als Landessprachen wichtig wurden und Französisch als europäische Sprache aus der Mode kam, begannen Menschen in vielen Ländern Europas, sich Gedanken über Verfassungen zu machen.

Seit wann gibt es Verfassungen?

Geschriebene Verfassungen gibt es in Europa seit etwas mehr als 200 Jahren. Damals hatten alle europäischen Länder (bis auf die Schweiz) Könige und Fürsten. Ihre Untertanen waren nicht alle gleich, sondern unterschieden sich nach ihrem Stand, wie man im 18. Jahrhundert sagte: Es gab Adelige, Priester, Bürger, Bauern und ganz viele Menschen, die keinem Stand angehörten. Die waren ganz unten und meistens für unsere Vorstellungen unglaublich arm. Noch bis vor 160 Jahren sind in Europa Menschen verhungert, wenn die Ernte schlecht war. Die Uroma von deiner Oma hätte eine von ihnen sein können.

Jeder Stand hatte besondere Rechte und besondere Pflichten. Das Ziel der meisten Könige und Fürsten vor 200 Jahren war, absolut zu regieren, das heißt, alles selbst entscheiden und den Adeligen, Priestern,

Bürgern und Bauern jederzeit Befehle erteilen zu
können. „Der Staat bin ich", soll der berühmteste absolute Herrscher, der französische König Ludwig der
Vierzehnte, einmal gesagt haben. Das hörte sich beeindruckend an, funktionierte aber meist nicht besonders gut. Denn Könige und Fürsten hatten, jedenfalls im Vergleich zu heute, fast keine Mitarbeiter. Wie
sollten sie ihre Vorstellungen durchsetzen? Wenn sie
nicht gemeinsam mit den Ständen, also Gruppen von
Menschen, die mehr oder weniger zu sagen hatten,
handelten, wie sollten sie es allein schaffen? Und
überhaupt – wie sollten die Untertanen von den Befehlen der Könige und Fürsten erfahren, wenn sie
kein Internet, kein Fernsehen und kein Radio hatten

und die meisten der Untertanen auch keine Zeitung lesen konnten?

Je mehr die Könige und Fürsten anstrebten, absolut zu regieren, umso mehr begannen sich ihre Untertanen zu fragen, warum eigentlich Könige und Fürsten alle Macht haben sollten und die Untertanen gar keine. Manche Untertanen waren tüchtige Kaufleute und Händler, andere gute Handwerker mit einem eigenen Geschäft, wieder andere hatten studiert, waren Lehrer, Professoren oder Schriftsteller. Warum, so fragten sie, sollen eigentlich der König und seine ersten Stände, der Adel und die Priester, das Sagen haben? *Sind sie klüger als wir*? Wir haben studiert, sie nicht. *Tüchtiger*? Wir verdienen unser Geld durch unsere Arbeit, sie nicht. *Erfolgreicher*? Die Staaten haben Schulden, und ihre Erfolge beruhen nur auf unserer Arbeit, weil wir die Steuern zahlen.

Die Bürger verlangten gute Verfassungen, das heißt, wie wir nun wissen, Regeln, an die sich alle halten sollten – auch die Könige, die Fürsten und der Adel. Diese Regeln sollten die Macht verteilen, und auch die Bürger sollten einen größeren Teil bekommen. Die Bürger schlugen Parlamente vor. In den Parlamenten sollten Menschen sitzen, die von den Bürgern gewählt und nicht vom König oder den Ständen bestimmt worden waren. Sie sollten „Abgeordnete" heißen, weil sie von den Bürgern gewählt und so von den Bürgern ins Parlament geschickt oder eben „abgeordnet" waren. Sie sollten dort Entscheidungen treffen, die die Bürger für richtig hielten. Die Parlamente sollten die Gesetze machen und das Geld verteilen, das der Staat und sein Fürst durch Steuern eingesammelt hatte. Du kannst dir sicher vorstellen, dass diese Idee den Königen und Fürsten nicht besonders gut gefallen hat. Sie hätten die Macht lieber für sich behalten. Schließlich, so behaupteten sie, sei es schon immer so gewesen. Und ihre Macht komme von Gott. Ach ja, sagten die Bürger, könnt ihr das beweisen?

Könige und Fürsten mochten Verfassungen nicht gern. Die ersten Verfassungen gab es daher in Nordamerika, wo sich die USA vom englischen König getrennt und für unabhängig erklärt hatten. Die ersten Verfassungen in Europa gab es 1791 in Polen, wo der König vorher schon ganz wenig Macht hatte, und in Frankreich, nachdem eine gewaltsame Revolution die Macht des Königs gebrochen hatte. Viele der deutschen Staaten erhielten ihre Verfassungen fünfundzwanzig Jahre später, am Ende fürchterlicher Kriege, die Frankreich nach der Revolution mit den großen europäischen Staaten geführt hatte. Weitere Staaten erhielten Verfassungen nach 1848, als wieder Revolutionen erst in Frankreich und dann in anderen Ländern Europas ausgebrochen waren. Wenige Jahre nach diesen Revolutionen hatten alle Staaten in Europa Verfassungen – bis auf Russland und das Osmanische Reich, aus dem später die Türkei werden sollte.

Regeln ändern sich, weil sich die Menschen ändern und die Art, wie Menschen miteinander umgehen. Du kannst einmal deine Eltern fragen, wie deren Klassenregeln ausgesehen haben – sie waren bestimmt anders als deine. Vielleicht waren es auch damals noch ungeschriebene Regeln. Die Regeln mussten sich än-

dern, oder es mussten überhaupt erst welche aufgeschrieben werden, weil sich die Schüler geändert haben, weil sich die Lehrer geändert haben, und weil sich die Vorstellung davon geändert hat, wie Unterricht aussehen soll. Wenn du einmal Kinder hast, werden die auch wieder andere Regeln haben. Wir machen Regeln, damit etwas immer gleich und gerecht zugeht. Aber nur wenn wir die Regeln gelegentlich ändern, können sie ihren Zweck erfüllen. Das gilt für Klassenregeln, für Fußballregeln (die waren, als dein Opa Fußball gespielt hat, auch anders als heute) und auch für die Verfassungsregeln.

Vor 200 Jahren hieß die wichtigste Frage: Sollen wir eine Verfassung haben oder nicht? Vor 100 oder 150 Jahren hatte sich die Frage verändert. Verfassungen waren nun meistens vorhanden. Aber: Passten sie noch oder mussten sie geändert werden? Bei Änderungen ging es vor allem um zwei Fragen: Wer darf die Abgeordneten wählen? Und: Was dürfen die Abgeordneten in ihrem Parlament bestimmen?

Als die ersten Verfassungen erlassen wurden, war eines ganz klar: Wählen dürfen nur Männer. Die Macher der ersten Verfassungen stellten sich die Bevölkerung vor als eine Ansammlung von Familien, die in Häusern wohnten. Der Chef jeder Familie war der Vater. Wenn er wählen ging, sollte das für die Familie reichen. Aber auch nicht alle Männer durften wählen. Die ersten Verfassungen wollten nur solche Männer wählen lassen, die selbst entscheiden konnten. Und selbst entscheiden kann nur der, so dachten die ersten Verfassungsmacher, der nicht arm ist, Steuern zahlen kann und ein Haus oder mindestens Geld besitzt. Bei solchen Regelungen konnten am Ende nur Wenige wählen, und das fanden die anderen, die nur zuschauen konnten, nicht gut. „Sind nicht alle Menschen gleich?", fragten sie. Und wenn nur die Reichen bestimmen, werden sie dann nicht das Geld des Staates ungerecht verteilen und ungerechte Gesetze machen? Diese Fragen wurden immer lauter, vor allem, weil immer mehr Menschen in immer größeren Fabriken arbeiteten und es unfair fanden, dass ihre Chefs, denen schon die Fabriken gehörten, auch noch in der Politik alles zu sagen haben sollten. Die Verfassungen wurden daher allmählich so geändert, dass immer mehr und schließlich alle Männer wählen durften. Das Wahlrecht der Frauen war noch schwieriger durchzusetzen als das der ärmeren Männer. Als erste in Europa schafften es die Norwegerinnen. Die meisten Frauen in Europa durften erst nach dem Ersten Weltkrieg genau so wählen wie ihre Männer – auch in Deutschland.

Um die zweite Frage (Was darf das Parlament bestimmen?) wurde auch gestritten. Die ersten Verfassungen wollten dem König die Macht nicht wegnehmen. Sie wollten ihn kontrollieren, und die Bürger sollten auch etwas vorschlagen können. Hundert Jahre später hatte sich nach dem Ersten Weltkrieg in allen europäischen Verfassungen die Idee durchgesetzt, dass das Parlament entscheiden soll. Der König, falls es ihn dann überhaupt noch gab und er nicht inzwischen abgeschafft worden war, sollte ein Zeichen für das Land sein und ein vorbildlicher Mensch, auf den alle stolz sein können. Aber entscheiden wollten die Menschen selbst.

Als die ältesten Menschen, die heute leben, kleine Kinder waren, vor neunzig Jahren ungefähr, war also klar, dass ein Land eine Verfassung haben muss, damit es dort gerecht zugehen kann. Und es war ungefähr klar, wie Gerechtigkeit geschaffen werden kann: Alle Erwachsenen sollen wählen dürfen, das Parlament – und nicht ein König oder Fürst – soll entscheiden, und das, was die Parlamente entscheiden, soll kontrolliert werden können – durch Gerichte oder durch die Bürger, die ja bei der nächsten Wahl jemand

anderen wählen können. Warum ist dann die Verfassung von Nordrhein-Westfalen nicht neunzig, sondern erst sechzig Jahre alt? Das liegt an der Geschichte des Landes Nordrhein-Westfalen.

Wo liegt Nordrhein-Westfalen?

Wenn wir einen der Könige und Fürsten vor 200 Jahren – du weißt schon, als die ersten Verfassungen entstanden – gefragt hätten, wo das Land Nordrhein-Westfalen liegt, hätte er geantwortet: „Ich verstehe Sie nicht, mein Herr." Westfalen, hätte er vielleicht weiter gesagt, ja, das kenne er. Das sei eine ziemlich platte Gegend im Westen Deutschlands, in der viele Bauern leben. Aber Nordrhein? Nie gehört. Und Nordrhein-Westfalen? Unfug.

Der Mann hätte Recht gehabt. Vor 200 Jahren war Westfalen eine Gebietsbezeichnung wie Schwarzwald oder Sauerland oder Münsterland. Und Nordrhein sagte niemand. Es gab das Wort „Rheinland". Das bezeichnete die Gegend, die der Rhein durchfließt, nachdem er an Wiesbaden und Mainz vorbeigekommen ist und bevor er die Niederlande erreicht. Im Rheinland gab es natürlich Norden, Süden, Westen und Osten. Aber Nordrhein, Südrhein, Westrhein oder Ostrhein? Nein.

Vor 200 Jahren gab es in Deutschland viele kleine Länder mit eigenen Fürsten, Grafen oder Herren. Es ist nicht ganz klar, wie viele es genau waren, aber

man schätzt dreihundert. Es dauert lang, sie aufzuzählen. Für die Gegend von Westfalen mache ich es
trotzdem. Es gab die Herrschaft Anholt, die Herrschaft
Gemen, die Grafschaft Steinfurt, das Bistum Münster,
die Grafschaft Bentheim, die Grafschaft Lingen, das
Bistum Osnabrück, die Grafschaft Tecklenburg, das
Bistum Paderborn, die Reichsstadt Dortmund, die
Grafschaft Minden-Ravensberg, die Grafschaft Lippe,
die Herrschaft Rheda, die Grafschaft Rietberg, die

Reichsabtei Corvey, die Grafschaft Wittgenstein-Berleburg, die Grafschaft Wittgenstein-Wittgenstein, das Territorium Nassau-Siegen, das Herzogtum Westfalen, die Grafschaft Mark, das Vest Recklinghausen und – oh, ich habe Huckarde vergessen. Das ist heute ein Stadtteil von Dortmund, war aber damals ein eigenes Gebiet, das zwar in Westfalen lag, aber einen Teil des Reichsstifts Essen bildete, das wiederum zum Rheinland gehörte.

Kleine Welten waren das mit kleinen Gebieten und kleinen Fürsten, Grafen, Herren und Bürgermeistern. Sie gingen unter, als erst der Kaiser Frankreichs, Napoleon, und dann die Feinde Napoleons, die Russen, Preußen, Schweden und Österreicher, das Rheinland und Westfalen eroberten. Die kleinen Herren bekamen ihre Herrschaften nicht mehr zurück. Sie blieben zwar Fürsten, Grafen oder Herren und besaßen auch noch Land. Aber sie waren keine Staatsoberhäupter mehr. Rheinland und Westfalen wurden zu Teilen Preußens, und die bisherigen Fürsten, Grafen und Herren wurden zu – wenn auch besonders wichtigen – Untertanen des preußischen Königs. Preußen hatte bis dahin eigentlich im Osten Deutschlands gelegen, und seine wichtigsten Städte waren Berlin, Breslau und Königsberg gewesen. Diese Städte waren von Köln, Düsseldorf oder Münster weit entfernt. Man brauchte Tage, um mit dem Pferd hinzureiten – Eisenbahnen oder Autos gab es ja noch nicht. Trotzdem aber hatten sich die großen Staaten Europas darauf geeinigt, nach den fürchterlichen Kriegen gegen Napoleon den Preußen westliche Gebiete zu geben. Die

Preußen sollten so ein eigenes Interesse daran haben, auf Frankreich aufzupassen, das nun ihr Nachbar wurde.

Die Preußen haben erst einmal die vielen kleinen Länder und Ländchen im Rheinland und in Westfalen zu großen Einheiten zusammengebaut. Sie nannten sie Provinzen: die Rheinprovinz und die Provinz Westfalen. Die beiden Provinzen hatten je einen eigenen Oberpräsidenten, ein Parlament und einen Landeshauptmann. Das ist so etwas wie ein Verwaltungschef, der sich mit seinen Leuten um alles kümmern sollte, was die einzelnen Städte und Dörfer nicht allein schaffen konnten: Straßen bauen, den Armen und Kranken helfen, die kein Zuhause haben, den Dörfern

helfen, in denen ganz Schlimmes passiert war wie eine Überschwemmung oder ein Dorfbrand. Westfalen und das Rheinland waren jetzt keine Länderpuzzles mehr. Sie ergaben ein Bild, oder, genauer gesagt, zwei Bilder.

Denn die Rheinprovinz und Westfalen waren zwei verschiedene Dinge. Von Berlin, der preußischen Hauptstadt, aus gesehen lagen sie zwar beide im Westen und hießen daher auch die preußischen Westprovinzen. Aber sie waren doch auch sehr unterschiedlich und hielten sich auch dafür. In Westfalen gab es viele Bauern und Menschen, die den Bauern halfen und von ihnen bezahlt wurden. Die meisten Westfalen sprachen einen Dialekt, der „Plattdeutsch" heißt und sie mit den weiter nördlich wohnenden Deutschen verband. Im Rheinland lebten neben vielen Bauern, die aber oft kleinere Höfe und weniger Helfer hatten, mehr Menschen in Städten. Händler und Kaufleute waren darunter, die wegen der Rheinschifffahrt Freunde und Geschäftspartner in Süddeutschland und der Schweiz, aber auch in Holland und sogar England hatten. Die Rheinländer hatten auch einen Dialekt. Aber das rheinische Platt war stärker nach Süden hin orientiert. Es hörte sich ganz anders an als das westfälische Plattdeutsch. Gut verstehen konnten sich ein Westfale und ein Rheinländer nicht.

Nachdem Preußen die beiden Provinzen geschaffen hatte, begannen sich die Einwohner darüber Gedanken zu machen, was denn das Besondere an ihnen im Vergleich zu den anderen sei. Sie arbeiteten an einem westfälischen oder eben rheinischen Selbstbe-

wusstsein. „Wir sind Westfalen" oder: „Wir sind Rheinländer" wollten sie sagen. Aber was meinten sie eigentlich damit? Rheinländer und Westfalen begannen zu denken, dass sie das Gegenteil der jeweils anderen seien. In einem „Westfalenlied", das so etwas wie eine westfälische Nationalhymne wurde, beschrieben sich die Westfalen als ehrlich, einfach und treu. Bauern seien sie und Norddeutsche. Von den Rheinländern sagten sie das genaue Gegenteil: Sie seien unzuverlässig, eingebildet, launisch und eigentlich schon fast Süddeutsche. Händler seien die Rheinländer, die jedem das sagten, was er hören wollte, und nur aus reinem Eigeninteresse freundlich. Eigentlich sei ihnen nicht zu trauen. Die Rheinländer fanden auch, dass sie Kaufleute seien. Aber sie fanden das gut: Sie redeten gern mit anderen Menschen, seien offen, freundlich, lustig. Die Westfalen hingegen seien, so meinten die Rheinländer, zwar wirklich Bauern. Aber das führe zu Eigenschaften, die die Westfalen selbst zu freundlich beschrieben hätten. Die Westfalen seien nicht ehrlich, sondern einfallslos, nicht einfach, sondern blöde, nicht treu, sondern langweilig.

Sehr nett war das alles nicht.

Und was ist mit dem Ruhrgebiet?

Das Ruhrgebiet ist ungefähr zu der Zeit geboren worden, als Rheinländer wie Westfalen lernten, sich selbst als eine Einheit zu verstehen, und die anderen als irgendwie anders. Vor mehr als einhundert Jahren war das, und es war eine große Überraschung. Denn dort, wo heute das Ruhrgebiet ist, waren vor 200 Jahren ein paar Kleinstädte wie Essen, Wattenscheid, Bochum oder Dortmund gewesen, die allerhöchstens 5.000 Einwohner hatten. Um die 5.000 Einwohner haben heute Städte wie Dahlem im Kreis Euskirchen, Marienmünster im Kreis Höxter oder Hallenberg im Hochsauerlandkreis. Natürlich waren vor 200 Jahren auch die anderen Städte noch kleiner. Aber Essen, Dortmund und die anderen waren schon ziemlich verschlafene Nester. Und nördlich von ihnen, dort wo heute Oberhausen, Bottrop und Wanne-Eickel liegen, wohnte kaum jemand. Heide, Sand, Kiefern, Birken, Schafe und ein paar Hirten waren alles, was ein Wanderer dort antreffen konnte.

Dann kam die Dampfmaschine. Das war eine Maschine, die aus Wärme Bewegung machen konnte. Gebraucht wurde nur Heizmaterial – erst Holz, dann immer häufiger Kohle. Man konnte die Maschine auf ein Schiff setzen, dann war das ein Dampfschiff – das erste Schiff der Welt, das große Entfernungen zurücklegen konnte, ohne Ruder oder ein Segel zu benötigen. Man konnte Räder an die Maschine schrauben und sie auf ein Gleis stellen, dann war das eine Lokomotive, und sie konnte viel mehr Lasten ziehen, als jedes Pferd und jeder Ochse das vorher gekonnt haben. Man konnte die Maschine auch einfach auf den Boden stellen, um Pumpen zu betreiben oder Webstühle oder Aufzüge oder überhaupt alles, was sich bewegen sollte. Die Dampfmaschine war schon hundert Jahre

früher in England erfunden worden. Aber sie wurde nun immer leistungsfähiger, immer zuverlässiger und auch immer billiger.

Die Dampfmaschine war unvergleichlich stark, wurde nicht müde, hatte nie schlechte Laune und fraß kein Heu. Sie war besser als das Pferd, auch wenn man sie nicht wirklich streicheln konnte und sie einen Haufen Lärm, Qualm und Dampf verbreitete. Aber sie fraß Kohle, viel Kohle. Und um sie zu bauen, brauchte man Stahl. Vor allem als die Eisenbahn sich durchsetzte, brauchte man Stahl. Für die Lokomotiven und für die Gleise.

Kohle muss ausgegraben, vom Stein getrennt, nach Größe und Qualität sortiert werden. Ein Teil der Kohle wurde zu Koks gebacken, der noch heißer brennen kann als Kohle. Koks war nötig, um Hochöfen zu betreiben. In den Hochöfen wiederum wurde aus Eisenerz Stahl gemacht. Im Boden unter dem Ruhrgebiet gab es beides: Eisenerz und Kohle. An dem Fluss Ruhr konnte man die Kohle mit bloßem Auge sehen, deshalb hatten die Menschen dort schon längst nach Kohle gegraben und damit ihre Häuser geheizt und ihr Essen gekocht. Sie hatten Gänge, Stollen in die Hügellandschaft an der Ruhr gegraben, um mehr Kohle zu haben. Irgendwann hatten sie aufgegeben, denn die Kohle kam in der Erde immer nur in schmalen Streifen vor (ungefähr wie das Fleisch im Big Mac), und diese Streifen verliefen nicht gerade, sondern schräg und führten immer tiefer in die Erde hinein. Irgendwann lief der schräge Stollen voller Grundwasser und unter Wasser kann man nicht graben – jedenfalls nicht lang.

Als die Dampfmaschinen zuverlässiger wurden, konnten sie benutzt werden, um das Wasser aus den Stollen zu pumpen. Damit konnte man etwas ganz Neues probieren: nicht mehr von der Ruhr aus in die Berge hinein graben, sondern weiter nördlich ein Loch so tief in die Erde buddeln, bis Kohle kam. Und die ganze Zeit Wasser pumpen natürlich. Wer will schon mitten auf dem Land in einem tiefen Loch ertrinken? Während die Bauern an der Ruhr ihre Stollen mit ein paar Freunden, Gehilfen und mit Spitzhacke und Spaten gebaut hatten, wurden für die tiefen Löcher mehr Menschen, mehr Geräte, mehr Pumpen und deshalb auch mehr Geld benötigt. Das war kein Nachbarschaftsstollen mehr, das war eine Zeche. Das war keine Nebenbeschäftigung für Bauern mehr, sondern eine Industrie. Und die Herren der Zechen waren keine Bauern mehr mit Pferd und Acker, sondern Industrielle mit Kutscher und Villa.

Die ersten Tiefbauzechen hatten schon mehrere hundert Arbeiter und Angestellte. Die meisten von ihnen arbeiteten „unter Tage" wie man sagte, in den Löchern und den von dort aus quer und schräg verlaufenden Stollen. Immer tiefer wurde gegraben, immer größer wurden die Zechen, immer mehr Kohle wurde ausgegraben, immer mehr Menschen wurden eingestellt. Die Zeche Neumühl in Hamborn (heute

Duisburg) beschäftigte kurz vor dem Ersten Welt-krieg 5.700 Menschen. Einhundert Jahre vorher hat-ten Essen oder Dortmund nicht einmal so viele Ein-wohner gehabt.

Während die Zechen immer größer und immer tie-fer wurden, wuchs auch die Zahl der Eisenbahnen und der Stahlfabriken. Immer mehr Menschen konn-ten beschäftigt werden. Die brauchten Wohnungen, Straßen, Schulen, Kirchen, Bäcker, Fleischer und Schneider. Erst kamen die Bergwerke und die Fabri-ken, dann die Arbeiter, dann die Leute, die für Essen und Kleidung sorgten. Klar, dass die Städte ganz schnell immer größer wurden. Essen, Dortmund und die anderen kleinen Städte wuchsen und wuchsen. Nördlich von ihnen, dort wo bisher nur Heide, Sand

und Schafe gewesen waren, entstanden Städte aus dem Nichts. Oberhausen war die berühmteste von ihnen: eine Stadt, die zuerst nur ein namenloser Bahnhof und eine Eisenschmelzfabrik gewesen war. Dann waren Arbeiterwohnungen hinzugekommen, dann neue Fabriken, neue Gleise, neue Arbeiterwohnungen und irgendwann auch eine Kirche. Menschen, die die schnell wachsenden Städte besichtigten, waren manchmal richtig erschrocken. „Das ist ganz anders, als wir es gewohnt sind", sagten sie. „Das sind keine Städte, wie sie in Deutschland normalerweise vorkommen. Das sind ja nur Sammlungen von Zechen,

Fabriken, Arbeitersiedlungen und Geschäften. Die Arbeiter kommen auch nicht mehr aus dem Rheinland oder Westfalen. Es sind Menschen, die wir kaum verstehen: Süddeutsche, Österreicher und viele Polen. Die Städte sind dunkel und schmutzig. Manchmal kann man tagelang die Sonne nicht sehen, weil so viele Dampfmaschinen dort laufen. Wie kann man dort nur leben?"

Gehörte das Ruhrgebiet zum Rheinland oder zu Westfalen? Wenn man auf die Karte schaute, war die Antwort einfach: teils teils. Der Osten des Ruhrgebiets, also Dortmund, Bochum, Recklinghausen, Wanne-Eikkel und Gelsenkirchen, gehörten zu Westfalen. Der Westen, also Essen, Duisburg und Mülheim, gehörten zum Rheinland. Aber diese alte Grenzziehung war auch komisch, denn die Zechen, Fabriken, Bahnhöfe, Siedlungen und Geschäfte kümmerten sich nicht um sie. Sie wuchsen über alte Grenzen hinweg. Die Arbeiter, die ins Ruhrgebiet zogen, fühlten sich nicht als Rheinländer oder Westfalen, sondern als Bergleute und Stahlarbeiter. Und den Rheinländern und Westfalen war die viele Industrie mitten zwischen ihnen unheimlich. Sicher, dort wurde viel Geld verdient, und Deutschlands Wirtschaft hätte ohne Kohle und Stahl aus dem Ruhrgebiet nicht funktionieren können. Aber richtig heimatlich, richtig westfälisch oder richtig rheinisch war es dort nicht.

Nun hatte Preußen also zwei Westprovinzen, Rheinprovinz und Westfalen, und ein großes Industriegebiet, das ein wenig zu Westfalen, ein wenig zur Rheinprovinz und irgendwie zu keinem von beiden richtig gehörte. Das blieb so bis zum Zweiten Weltkrieg, der 1939, gut zehn Jahre vor der Entstehung unserer Verfassung, angefangen hat. Am Ende dieses Krieges wurden das Rheinland, Westfalen und das Ruhrgebiet wie der ganze Westen Deutschlands von den Amerikanern, Engländern und Franzosen erobert. Die drei hatten gemeinsam mit den Russen, die den Osten Deutschlands eroberten, ausgemacht, wer welches Stück Deutschland besetzen sollte. Westfalen sollten die Engländer kriegen. Die Rheinprovinz wurde geteilt. Den Süden bekamen die Franzosen, den Norden die Engländer. Als dann die Deutschen wieder ein wenig selbst bestimmen können sollten, bekamen sie nicht gleich ganz Deutschland zurück. Sie durften zuerst in den Städten und dann in den Ländern wieder ei-

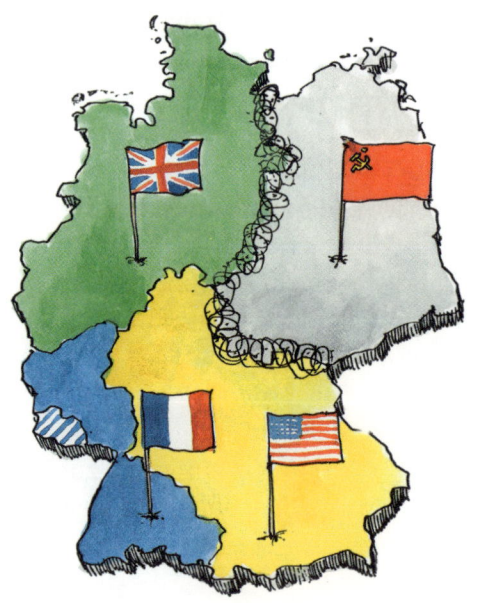

gene Regierungen bilden. Dabei blieb die Teilung der Rheinprovinz bestehen. Den Norden nannten die Engländer Nordrhein. Den Süden nannten die Franzosen weiterhin Rheinland, und schlossen ihn später mit der Pfalz zusammen. So ist das Land Rheinland-Pfalz entstanden. Die Engländer im Norden fanden es wichtig, die für sie merkwürdige Teilung des Ruhrgebiets in einen westfälischen und einen rheinischen Teil zu beenden. Deswegen schlossen sie den Nordrhein mit Westfalen zusammen und bildeten das Land Nordrhein-Westfalen. Und damit fängt unsere Geschichte nun wirklich an.

Was war passiert vor sechzig Jahren?

Als der Zweite Weltkrieg zu Ende war, war Deutschland kaputt. Stell dir eine große, schöne, verzierte Marzipantorte vor, in die jemand mit voller Absicht, mit voller Kraft und mit geballter Faust hineingeschlagen hat. Ungefähr so. Nur dass die Marzipantorte aus echten Städten mit echten Häusern und echten Menschen drin bestanden hat. Die Faust, das waren vor allem Flugzeuge, die Bomben abgeworfen haben. Gegen Ende des Krieges sind manche Städte von diesen Bombenflugzeugen in einer Nacht zerstört worden. Viele Menschen sind gestorben. In nur einer Nacht. Wenn es wieder Tag wurde, waren die Städte so kaputt, dass niemand mehr erkennen konnte, wo Straßen und wo Häuser gewesen waren. Überall Glas-

splitter und Schutt. Menschen suchten nach ihren Eltern und Kindern, nach ihren Freunden, nach ihren Häusern. Oft fanden sie nichts und niemanden. Es war eine schlimme Zeit.

Warum passiert so etwas? Leider haben wir Deutschen diesen Krieg angefangen. 1939 hatte Deutschland Polen überfallen. England und Frankreich, die versprochen hatten, Polen zu beschützen, erklärten daraufhin Deutschland den Krieg. 1940 überfiel Deutschland Dänemark, Norwegen, die Niederlande, Belgien, Luxemburg, besiegte sie alle und Frankreich noch dazu. Im Frühjahr 1941 griff Deutschland Jugoslawien und Griechenland an, im Sommer 1941 die Sowjetunion, das damals größte Land der Erde. Und wieder siegten die Deutschen, wenn auch nicht mehr vollständig und klar wie vorher. Im Spätherbst 1941 erklärte Deutschland auch noch den USA den Krieg. Nun wurde es zuviel. Seit dem Winter 1941/42 gewannen die Deutschen nicht mehr wirklich. Ab 1943 verloren sie eine Schlacht nach der anderen. An allen Fronten mussten sie den Rückzug antreten. Im Winter 1944/45 waren sämtliche Landgewinne der ersten Kriegshälfte wieder verloren. Erstmals betraten gegnerische Truppen deutsches Gebiet. Im Mai 1945 gab es Deutschland nicht mehr. Russische, amerikanische und britische Truppen hatten jeden Quadratmeter erobert. Die letzten deutschen Truppen mussten aufgeben. Bedingungslos.

Der Krieg war kein normaler Krieg gewesen. In Deutschland waren bereits Jahre vor dem Krieg die Machtverteilungsregeln, die Verfassung also, so verändert worden, dass alle Macht einer einzigen Partei gehörte. Sie hieß Nationalsozialistische Deutsche Arbeiterpartei, kurz: NSDAP. Ihr Chef war Adolf Hitler, der sich „Der Führer" nannte. Die Deutschen waren in großer Not gewesen, viele Papas arbeitslos, viele Mamas verzweifelt, viele Kinder hungrig und krank, als viele von ihnen zustimmten, die Macht allein der NSDAP und ihrem Führer zu geben. Die Partei erklärte, dass die Juden all das Unglück über die Deutschen gebracht hätten. Das war natürlich Unsinn. Schließlich waren die Juden genauso deutsch wie die Katholiken oder die Protestanten. Aber viele Menschen glaubten in ihrer Not dem Unsinn. Viele sahen auch, dass die NSDAP am Anfang Erfolg hatte. Die Arbeitslosigkeit wurde weniger, die Not auch. Dass das Geld für den Aufschwung nur geliehen und das Ziel des Aufschwungs ein Krieg war, sahen die Menschen nicht. Und sie sahen auch nicht oder wollten es nicht sehen, dass die Nationalsozialisten diejenigen gnadenlos verfolgten, die anderer Meinung waren. Solche Menschen kamen ins Gefängnis, auch wenn kein Gericht sie verurteilt hatte. Vielen wurde wehgetan. Viele wurden gemein behandelt. Viele wurden gequält. Manche wurden umgebracht. Und keine Polizei kümmerte sich darum. Die Verfassung verteilte die Macht nicht mehr, sondern schob sie an einer Stelle zusammen. Immer mehr Machtkontrollen wurden ausgeschaltet. Es war so, als würde einer die ganze Schokolade bekommen, und dürfte dann noch jeden verhauen, der das nicht gut fand. Und dann wurden Gesetze gegen Juden erlassen, die jetzt nicht mehr

Deutsche sein sollten. Erst durften sie keinen nicht-jüdischen Deutschen mehr heiraten. Dann durften sie nicht mehr Straßenbahn fahren. Dann nicht mehr auf Parkbänken sitzen. Dann nicht mehr zu einem nicht-jüdischen Zahnarzt gehen. Dann nicht mehr ins Ausland reisen. Dann nicht mehr … und dann nicht mehr … und dann nicht mehr … Nachdem der Zweite Weltkrieg begonnen hatte, wurden immer mehr Juden aus ihren Wohnungen geholt und in einigen Städten oder Stadtvierteln gesammelt. Das waren die Ghettos. Dort

gab es viel zu wenige Wohnungen, viel zu wenig Arbeit, viel zu wenig zu essen. Menschen, die sich gar nicht kannten, mussten in Zimmern zusammen wohnen. Menschen suchten verzweifelt nach Arbeit, nach Lebensmitteln. Menschen starben auf der Straße. Dann wurden die Juden wieder aus den Ghettos geholt und – erschossen, vergast, verbrannt. Millionen Menschen. Es war ein unglaubliches Verbrechen. So etwas hat noch niemand mit so vielen anderen Menschen gemacht, die nichts Unrechtes getan hatten.

Auch den Krieg führten die Deutschen brutal. Die Nationalsozialisten behaupteten, die Polen und die Russen seien eine andere Sorte Menschen als die Deutschen. Ihnen gegenüber würden die Regeln der Kriegführung nicht gelten. Daher wurden polnische und russische Soldaten, die von Deutschen gefangen genommen wurden, schlecht behandelt. In den Gebieten, die die Deutschen den Polen und Russen wegnahmen, benahmen sie sich unmöglich. Sie jagten Menschen weg, um Platz für Deutsche zu schaffen. Sie nahmen die Lebensmittel und schickten sie nach Hause, damit es den Deutschen auch während des Krieges so gut ginge, als wäre gar kein Krieg.

Als die Deutschen den Krieg zu verlieren begannen, hatten ihre Gegner daher wenig Mitleid. Auch sie führten den Krieg nun erbarmungslos. Als die Russen deutschen Boden erreichten, benahmen auch sie sich schrecklich. Nun taten sie den Deutschen weh, raubten, plünderten, brachten Menschen um. Die, die sie so bestraften, waren natürlich nicht immer die, die die Verbrechen begangen hatten. Es traf oft die Fal-

schen. Viele derjenigen, die wirklich Schlimmes getan hatten, traf es nicht. Viele Deutsche rannten vor den Russen weg. Andere wurden vertrieben, weil Russen und Polen nun deutsches Land wegnahmen. Die Amerikaner und Engländer kamen von der anderen Seite nach Deutschland. Ihre Soldaten waren weniger schlimm. Aber sie hatten die besseren Flugzeuge und machten deutsche Städte mit Bomben platt. Das ist die Geschichte mit der Marzipantorte von vorhin.

Niemand weiß genau, wie viele Menschen im Zweiten Weltkrieg gestorben sind. Man sagt 55 Millionen. Aber das ist geschätzt, denn niemand weiß ganz genau, wie viele Juden die Deutschen erschossen oder vergast haben, wie viele Menschen in Polen oder Russland getötet wurden, wie viele Tote unter den Trümmern deutscher Städte lagen. Sicher ist nur, dass es viel zu viele waren. Als der Krieg zu Ende war, gab es überall auf der Welt viele Kinder ohne Väter, viele Mütter ohne Kinder. Viele Menschen hatten kein Zuhause mehr. Viele suchten nach Menschen, die sie einmal gekannt hatten. Und alle wussten: Das darf nie wieder passieren.

Wie ging es weiter?

Wir wissen schon, dass das Rheinland nach dem Krieg zwischen Franzosen und Engländern aufgeteilt wurde, und dass die Engländer aus ihrem Teil des Rheinlandes, dem Ruhrgebiet und Westfalen das Land Nordrhein-Westfalen zusammenbasteln würden. Aber bevor das geschah, mussten die Sieger erst einmal eine schwierige Frage klären: Was tun mit den Deutschen? Sie waren besiegt. Gut. Aber konnten sie für immer Besiegte bleiben? Mussten sie sich nicht wieder selbst regieren können? Andererseits: Ein Land, das so große Verbrechen begangen und die ganze Welt ins Unglück gestürzt hatte, konnte doch nicht einfach behandelt werden, als ob nichts gewesen wäre. Die Sieger einigten sich auf vier Dinge: Erstens sollten die Nationalsozialisten, ihre Partei und ihre Ideen verboten werden. Zweitens sollten die Deutschen keine Waffen mehr haben. Sie sollten drittens Industrieanlagen und Geräte abgeben, um die Kriegsschäden in den Ländern der Sieger zu bezahlen. Die Deutschen sollten viertens schließlich ganz langsam wieder lernen, wie Demokratie geht, mit Verfassung, Wahlen usw.

Verfassungen legen Regeln fest. Die Regeln in Deutschland legten die Sieger fest. Was die Russen, die Amerikaner, die Engländer und die Franzosen für richtig hielten, war zunächst einmal die Verfassung.

Das war das Besatzungsrecht. Aber so konnte es ja nicht bleiben. Die Soldaten und ihre Generäle konnten ja nicht alle Städte, Dörfer, Wasserwerke, Kläranlagen und Arbeitsämter regieren. Die Engländer hatten Listen mitgebracht, als sie nach Deutschland kamen. Darauf standen Namen von Menschen, die als Gegner der Nationalsozialisten bekannt waren. Diese Menschen wurden nun Bürgermeister und Landräte. Sie bestimmten ihrerseits, wer Arbeitsamtsleiter oder Kläranlagenbetreiber werden sollte. Manchmal konnten die bisherigen Chefs auch bleiben, wenn sie nichts Schlimmes getan hatten, oder sonst niemand da war, der die Arbeit richtig hätte tun können.

Die neuen Bürgermeister und Landräte hatten viel zu tun. Trümmer mussten beiseite geräumt, Straßen ausgebessert, Eisenbahnschienen repariert, Stromleitungen geflickt werden. Und gegen Hunger und Kälte musste etwas getan werden. Die meisten Wohnungen wurden mit Kohle beheizt. Die Kohlezechen arbeiteten aber nicht mehr oder doch nur wenig. Das war vorerst nicht ganz so schlimm, weil das Kriegsende ja im Frühsommer kam. Es wurde aber in den kommenden Jahren ein wirkliches Problem. Schlimmer als die Kälte war vorerst der Hunger. Seit die Deutschen keine besetzten Länder mehr ausrauben konnten, gab es immer weniger zu essen. Es waren einfach zu wenige Lebensmittel da. Und sie waren ungleich verteilt. In den Dörfern und auf dem Land waren viel weniger Bomben gefallen als in den Städten. Schließlich war es einfacher gewesen, Industrieanlagen in der Stadt zu bombardieren als die vielen einzelnen Bauernhöfe

auf dem Land. Zwar hatten viele Bauern und Knechte Soldat werden müssen, so dass nicht von allen Feldern etwas geerntet und nicht alle Kühe und Schweine hatten versorgt werden können. Aber meistens gab es auf dem Land immer noch irgendetwas zu essen. In vielen Städten gab es fast nichts.

Historiker haben verschiedene Namen für diese Zeit gefunden. „Besatzungszeit" sagen einige, weil Deutsche nach dem Krieg in ihrem eigenen Land wenig und die Sieger fast alles zu bestimmen hatten. „Zusammenbruchgesellschaft" sagen andere, weil neben den Häusern am Ende des Krieges auch das Telefon, die Polizei, die Politik und der Glaube der Menschen daran, dass alles schon irgendwie gut gehen würde, zusammengebrochen war. Wieder andere sprechen von „Rationen-Gesellschaft". Eine Ration nennt man das, was einem Menschen zusteht. Weil es nach dem Krieg von fast allem zu wenig gab, wurde alles zugeteilt: Brot, Butter, Benzin, Kohle, Kartoffeln, Käse und noch mehr. Nicht jeder bekam gleich viel. Schwerstarbeiter bekamen mehr als Arbeiter, Arbeiter bekamen mehr als Angestellte, Angestellte bekamen mehr als Kinder, Kinder bekamen mehr als der Rest der Bevölkerung. Niemand wollte gern zu diesem Rest gehören. Denn er bekam, was die anderen übrig ließen, und das war einfach zu wenig. Die Karte, auf der stand, was jeder Einzelne von der Restgruppe erhalten sollte, wurde „Friedhofskarte" genannt. Wer davon leben musste, würde auf Dauer verhungern. Daher war die Nachkriegszeit auch eine Zeit des Mogelns, des Lügens und Betrügens. Ehrlich

sein ist schwer, wenn es ums Überleben geht. Menschen versuchten, eine Schwerarbeiterkarte zu bekommen, auch wenn sie gar nicht schwer arbeiteten. Kinder sprangen auf langsam fahrende Kohlenzüge und warfen Kohle herunter, bis sie erwischt wurden. Ihre Eltern schimpften nicht mit ihnen. Sie standen am Rand der Eisenbahnstrecke, um die Kohle aufzusammeln. Eltern und Kinder fuhren aufs Land und klauten den Bauern die Kartoffeln von den Feldern und die Rüben aus der Scheune. Manchmal klingelten sie bei den Bauern und boten Teppiche oder Ringe an im Tausch gegen Kartoffeln, Korn oder Rüben. Das alles war natürlich verboten. Aber ist es Unrecht, dafür zu sorgen, dass die eigenen Kinder nicht verhungern oder erfrieren müssen?

Welche Pläne gab es?

In Zerstörung und Durcheinander fing die Verfassungsgeschichte von Nordrhein-Westfalen an. Merkwürdigerweise haben viele Menschen gute Erinnerungen an diese Zeit – das heißt, natürlich nur die, die den Krieg und die Zerstörung überlebt haben. Viele der Menschen, die in Zerstörung und Durcheinander zu arbeiten begannen – Häuser aufbauten, Straßen räumten, Theater spielten oder eben Verfassungen machten – bekommen leuchtende Augen, wenn sie heute von ihrer Arbeit erzählen. Ganz unten seien sie gewesen. Tausend Schwierigkeiten habe es gegeben. Und Hunger hätten sie gehabt. Und kalt sei es gewesen. Aber alle hätten gemeinsam etwas Neues machen wollen. Gemeinsam hätten sie etwas geschafft. Stolz hätten sie sein können.

Wahrscheinlich ist es so ähnlich, wenn du die Lego-Teile für einen Spielzeugbagger auf den Tisch schüttest und dann zu bauen anfängst. Am Anfang sieht es aus, als könne das gar nicht klappen. Und dann geht es doch. Und wenn er fertig ist, bist du von dir selbst schwer beeindruckt. Du vergisst ganz, dass du den halbfertigen Bagger fünfmal hast an die Wand werfen wollen, weil du glaubtest, dass das nie klappen würde.

So ähnlich muss es den Menschen nach dem Ende der Zerstörungs- und Durcheinanderzeit auch gegangen sein. Durcheinander, Ratlosigkeit, verzweifeltes Beginnen und am Ende Stolz auf das, was geschafft wurde. Was nach dem Krieg anders war: Es gab keine Bauanleitung. Das heißt – es gab schon welche. Viele Menschen machten Vorschläge, was zu tun sei. Vielleicht zu viele. Zu unterschiedliche. Und keiner der Vorschläge passte so ganz zu den Teilen, die herumlagen. Und niemand wusste wirklich, welche der Teile noch zu gebrauchen waren.

Nordrhein-Westfalen war nach dem schlimmen Krieg etwas Besonderes. Es war besonders kaputt. Weil hier besonders viele große Städte lagen und besonders viele wichtige Industrieunternehmen, hatte es besonders viele Bomben abbekommen. Es ist schwer, sich vorzustellen, wie kaputt es war. Der Kölner Dom stand noch, wenn auch ohne Dach. Rund um ihn herum war nicht mehr zu erkennen, wo ein Haus und wo eine Straße gewesen war. Überall Steine, Dachziegel, zersplittertes Holz, Glasscherben. Menschen lebten in Kellern, in Bretterbuden, in den Resten von Häusern, manchmal ohne Fenster und Türen. Auf einem Foto aus der Mallinckrodtstraße in Dortmund sieht man ein kleines Zimmer. Es ist ganz vollgestopft mit Kleidern, Betten, Töpfen und Schüsseln, weil es die Wohnung für zwei Familien war, für acht Menschen also. Ein Glück, dass das Kriegsende im Frühling kam. Aber bis zum nächsten Winter konnte nicht viel wieder aufgebaut werden. Schließlich fuhren kaum Züge. Und die wenigen Autos und

Lastwagen standen meistens nur herum, weil Benzin fehlte.

Die meisten Städte im Ruhrgebiet waren so kaputt, dass den Menschen zunächst verboten wurde, hinzuziehen. Es war einfach kein Platz da. Das Verbot wurde bald aufgehoben, weil schließlich Menschen gebraucht wurden, um Kohle zu fördern und Stahl zu kochen. Aber auch dann war es im Ruhrgebiet nicht eigentlich schön. Es war schmutzig dort, kaputt, eng, ungemütlich und im Winter 1946/47 saukalt. Die Kohle reichte nicht aus, um die Heizungen, die über-

haupt schon wieder funktionierten, zu befeuern. Warum ging überhaupt jemand hin?

Nordrhein-Westfalen war nicht nur besonders kaputt, sondern auch besonders wichtig. Kohle war der wichtigste Brennstoff für fast alles: für Lokomotiven, Industriemaschinen, Kraftwerke und Heizungen. Unter dem Ruhrgebiet lag so viel Kohle wie sonst nirgends in ganz Europa. Anfangs hatten die Kriegsgegner geplant, Deutschland nach 1945 zu verbieten, Kohle zu fördern, Stahl zu kochen und überhaupt Industrie zu haben. Die Deutschen würden es einfach nicht lernen, friedlich mit ihren Nachbarn zu leben, befürchteten sie. Wäre es da nicht am besten, man zwinge sie dazu, Schafe zu hüten, Kühe zu melken und Getreide anzubauen? Ohne Industrie keine Panzer. War das nicht richtig und irgendwie auch gerecht?

Bald aber merkten die Kriegsgegner, dass ein Deutschland ohne Industrie nicht nur für Deutschland schlecht war. Wenn Deutschland keine Kohle förderte, war für ganz Westeuropa zu wenig Kohle da. Dann standen nicht nur in Deutschland die Lokomotiven, Fabriken und Heizungen still, sondern auch in Frankreich, Belgien und den Niederlanden. Also hieß die neue Idee: Die Deutschen sollen so schnell wie möglich so viel Kohle wie möglich fördern. Was sie aber damit machen, soll von den Europäern gemeinsam bestimmt werden. Das war der Anfang der Europäischen Gemeinschaft für Kohle und Stahl. Aus ihr wurde später auf vielen Umwegen die Europäische Union, in der wir jetzt leben. Das ist wieder eine andere Geschichte, die ich hier nicht erzählen kann.

Aber sie zeigt, dass Nordrhein-Westfalen nach 1945 ein ganz wichtiges Gebiet war. Ohne das Ruhrgebiet, ohne seine Kohle und seinen Stahl, ging es in ganz Westeuropa nicht vorwärts.

Wenn also das Ruhrgebiet, wenn Nordrhein-Westfalen nicht einfach liegen gelassen werden konnte, dann mussten die Menschen, die dort leben und arbeiten sollten, auch wieder eine Verfassung haben. Wie aber sollte die aussehen?

Über ein paar Dinge waren sich alle einig. Alle wollten aus Zerstörung und Durcheinander herauskommen. Und so wie während der nationalsozialistischen Zeit und während des Krieges durfte es nicht wieder werden. Damit war allerdings nur gesagt, was nicht passieren sollte. Was aber sollte passieren? Und wie? Die Sieger, in Nordrhein-Westfalen also vor allem die Engländer, fanden, dass die Deutschen seit vielen Jahren ziemlich viele Dinge falsch gemacht hätten. Sonst hätten die Nationalsozialisten doch wohl nicht alle Macht bekommen, so viel Unglück anrichten und dafür noch Beifall ernten können. Macht nicht die alten Fehler noch einmal, rieten sie. Macht es so wie wir. Verteilt die Macht in Zukunft so, wie wir das in England oder wie es die Freunde in Frankreich tun.

Das hörte sich gut an. Aber: Die Engländer und die Franzosen hatten ganz unterschiedliche Verfassungen. Welche war die richtige? Auch die Menschen in England und Frankreich waren nicht immer mit ihren Verfassungen zufrieden. Sollten dann die Deutschen damit zufrieden sein? Und außerdem fanden in

Deutschland viele, dass die Modelle aus England und
Frankreich gar nicht richtig zu Deutschland passten.

Die Deutschen, die jetzt langsam wieder ein wenig
Macht in die Hand bekamen, waren sich einig, wieder
selbständig werden zu wollen. Sie wollten lieber
selbst aufpassen, dass eine Katastrophe wie Nationalsozialismus und Weltkrieg nicht noch einmal vor-
kam. Die Engländer sollten die Macht wieder herge-
ben. Was aber dann passieren sollte, war unklar. Die
Älteren, die die Zeit vor den Nationalsozialisten noch
erlebt hatten, meinten, die Verfassungen damals seien
schon ganz gut gewesen. Man müsse sie nur so verändern, dass die Nationalsozialisten nicht wieder an die
Macht kommen könnten. Dafür musste man nun wissen, wer und was dieser bösen Partei zur Macht ver-

holfen hatte. Da gab es aber verschiedene Erklärungen. Jede Erklärung führte zu anderen Vorschlägen, was die Verfassung der Zukunft anging.

Es gab auch noch die jungen Deutschen. Die also, die die Zeit vor dem Nationalsozialismus gar nicht oder nur als Kinder erlebt hatten. Von ihnen wollten viele, dass etwas völlig Neues anfing. Nicht das Deutschland der Älteren sollte maßgebend sein und nicht das England oder das Frankreich der Sieger. Etwas ganz Neues sollte her. Neue Städte, am besten neben den alten Städten, die als Trümmerhaufen ja liegen bleiben konnten. Ein neues Deutschland mit neuen, nie dagewesenen Regeln. Ein neues, einiges Europa, zu dem die Sieger und die Besiegten des schrecklichen Krieges gehören sollten. Schließlich war doch in dem jetzigen Durcheinander alles möglich. Warum es nicht ausprobieren?

Wer machte die Verfassung?

Ziemlich viele Ideen waren das. Ideen der Sieger und der Besiegten, der Alten und der Jungen. Die leuchtenden Augen der Menschen, die von der Arbeit im Durcheinander der Nachkriegsjahre erzählen, haben mit diesen vielen Ideen, den vielen Möglichkeiten zu tun. Wo nichts klar ist, ist alles möglich. Wer geschickt war, gute Freunde hatte und die richtigen Leute kannte, konnte viel erreichen. Vieles musste neu erfunden werden, oft von jungen Leuten, weil die Älteren tot waren, oder keiner ihnen mehr glauben wollte, weil sie doch schon etwas zu sagen gehabt hatten, als der Krieg angefangen wurde. Wie aber macht man aus vielen Ideen, die viele Menschen an vielen Orten mit viel Begeisterung vorbringen, eine einzige Verfassung?

Um aus vielen Ideen wenige zu machen, um Menschen zu gewinnen, die die gleiche Idee unterstützen, waren bereits vor 200 Jahren Parteien entstanden. Ihre Entstehung hatte mit den ersten Verfassungen zu tun gehabt. Denn wenn nicht mehr König, Kaiser oder Fürst entscheiden sollen, sondern Menschen, die im Land wohnen, fangen die Parteien an zu verabreden, wie Entscheidungen fallen sollen. Ungefähr so, wie wenn ihr mit eurer Klasse bei der Rektorin etwas erreichen wollt. Dann werdet ihr euch auch überlegen, wer mitgeht, was zu sagen ist, und ob überhaupt alle Schülerinnen und Schüler das Gleiche wollen. Wenn jeder allein zur Rektorin geht, wird die genervt sein. Außerdem werden verschiedene Meinungen auftauchen, die die Sache unklar machen. Besser, ihr sprecht euch vorher ab und schickt den Mutigsten vor, oder den, der am besten reden kann. Ungefähr so haben die Parteien angefangen. Parteien waren Gruppen von Menschen, die ähnliche Meinungen über wichtige Fragen hatten. Sie verabredeten, dem König, Kaiser oder Fürsten gegenüber gleiche Wünsche zu vertreten. Sie vereinbarten, in den Parlamenten gleicher Meinung zu sein. Sie verabredeten, sich bei Wahlen gegenseitig zu helfen. Sie sammelten Menschen um sich, die nicht in den Parlamenten saßen und auch gar nicht hinein wollten, die aber daran interessiert waren, dass die Parlamente so entschieden, wie es die Freunde im Parlament wollten.

Es gibt unterschiedliche Parteien. In Deutschland konnte man nach dem Zweiten Weltkrieg konservative, liberale, sozialdemokratische und kommunistische Parteien wählen. Anfangs gab es in dem Durcheinander mehrere konservative, mehrere liberale, mehrere sozialdemokratische und mehrere kommunistische Parteien. Oft wussten sie nicht viel voneinander, weil die Telefone kaputt waren, die Autos kein Benzin hatten und die Eisenbahnen nicht fuhren. Und das Internet war so wenig erfunden, dass die Menschen noch nicht einmal ahnten, dass es ihnen fehlte.

Bald aber sprachen sich die Parteien der verschiedenen Richtungen ab, kamen zusammen oder bekämpften sich. Am Ende blieb nur je eine Partei übrig.

Die konservative Partei hieß CDU. Konservative mögen die Welt eher so, wie sie ist oder wie sie gewesen ist. Sie schätzen es, dass Dinge eine Ordnung haben, dass Macht und Einfluss geregelt sind. Sie sind eher vorsichtig, wenn es um Veränderungen geht. Einige Konservative legen dabei großen Wert auf Gerechtigkeit, auch für die Armen und Notleidenden. Andere möchten mehr die Rechte derjenigen bewahren, die die Wirtschaft voranbringen: Unternehmer, Manager. Wieder andere finden, dass konservativ sein vor allem heißt, die Rechte und Pflichten zu bewah-

ren, die schon die eigenen Eltern und Großeltern für wichtig gehalten haben. Viele von ihnen finden die katholische und die evangelischen Kirchen wichtig.

Die liberale Partei hieß FDP. Liberale mögen die Welt eher so, wie sie sein könnte. Sie schätzen die Freiheit und die Zukunft. Sie möchten, dass der Einzelne selbst entscheiden kann. Das ist spannender, aber auch gefährlicher als die Ruhe und Ordnung der Konservativen. Und meistens sind eher die Starken als die Schwachen für mehr Freiheit. Es gibt Liberale, die mit Freiheit vor allem wirtschaftliche Freiheit meinen, die Freiheit also, Geld zu verdienen, und damit für andere Menschen Arbeitsplätze zu schaffen. Andere Liberale finden die Freiheit des Einzelnen wichtiger, die Rechte also, die jeder von uns hat.

Die sozialdemokratische Partei hieß SPD. Sozialdemokraten mögen die Welt auch eher so, wie sie sein sollte. Deshalb waren sie anfangs, als die ersten Verfassungen entstanden, auch ein Teil der Liberalen. Als aber die Fabriken und mit ihnen die Arbeiter entstanden, begannen die Sozialdemokraten von einer ganz anderen Gesellschaft zu träumen; einer, in der die Fabriken allen gehören, in der es keine Armen und keine Reichen mehr geben würde. Sie wollten eine Zukunft, in der es nicht einfach mehr Freiheit gab, sondern eine andere Freiheit. Eine Freiheit von Not und Elend, von Hunger und Angst. Diesen Traum wollten manche Sozialdemokraten langsam, beharrlich und Stück für Stück verwirklichen, manche schnell, vollständig und notfalls mit Gewalt. Aus der zweiten Gruppe hat sich eine eigene Partei entwickelt, die Kommunisten.

Konservative und Liberale fanden, dass die Sozialdemokraten zwar einen schönen Traum hätten. Doch der sei leider nicht zu verwirklichen. Die Menschen seien halt nicht so.

Konservative, Liberale und Sozialdemokraten trafen nach 1945 in Nordrhein-Westfalen zusammen, um eine neue Ordnung zu machen. Alte und junge Menschen waren darunter, Männer und Frauen. Sie alle wollten die Ordnung so bald wie möglich selbst machen, ohne die Engländer, Franzosen, Amerikaner und Russen, die Deutschland besetzt hatten. Denn die ersten Regeln der Nachkriegszeit hatten die Sieger gemacht. Das wissen wir schon. In Nordrhein-Westfalen waren die Engländer die Sieger. Sie machten bald deutsche Bürger, die als Gegner der Nationalsozialisten bekannt waren, zu Bürgermeistern und Landräten. Die Engländer planten, den Deutschen allmählich beizubringen, wie Demokratie funktioniert. Erst sollten sie in Städten und Dörfern sich selbst verwalten. Dann sollten sie die Länder – also zum Beispiel Nordrhein-Westfalen oder Niedersachsen – übernehmen. Am Ende sollte das ganze Deutsche Reich wieder von den Deutschen selbst regiert werden. Die Besatzungsmächte würden aber zunächst weiter Aufsicht führen, damit Deutschland nicht erneut einen Krieg beginnen konnte.

Das mit dem Reich hat nicht funktioniert. Die Siegermächte stritten sich heftig. Es bildeten sich zwei Lager, die Sowjetunion auf der einen Seite und die Amerikaner, Engländer und Franzosen auf der anderen Seite. Sie konnten sich bald nicht mehr einigen, wie Deutschland verwaltet werden sollte. So entstanden vier Jahre nach Kriegsende zwei Deutschlands. Im Osten, wo die Sowjetunion das Sagen hatte, wurde die Deutsche Demokratische Republik (DDR) ausgerufen. Im Westen legten die anderen drei Siegermächte ihre Besatzungszonen zusammen und gründeten die Bundesrepublik Deutschland (BRD). Erst vierzig Jahre später sind die beiden Teile wieder zusammen gekommen. Aber das ist eine andere Geschichte.

Als Länder wie Nordrhein-Westfalen, Niedersachsen, Hessen oder Bayern ein Jahr nach Kriegsende ge-

gründet wurden, konnte noch niemand wissen, dass es bald zwei Deutschlands geben würden. Vorerst gab es noch nicht mal eins. Die Gründung von Ländern war ein Schritt weg von Nationalsozialismus und Krieg. Sie war ein Schritt heraus aus der Besatzung. Sie war ein Schritt auf dem Weg zur Selbständigkeit der Deutschen.

In allen neu gegründeten Ländern wurden Verfassungen erarbeitet. Manche waren schon im zweiten Jahr nach Kriegsende fertig. In ihnen war noch sehr viel vom Schrecken des Nationalsozialismus und des Krieges. Wie können wir, die wir gemeinsam gegen den Nationalsozialismus waren, verhindern, dass das noch einmal passiert? – das war die wichtigste Frage. Manche Verfassungen brauchten länger. Dann wurden die Beratungen aufgeschoben, weil die Verfassung für die beiden neuen deutschen Staaten, also die Bundesrepublik Deutschland oder die Deutsche Demokratische Republik, Vorrang hatte. Als diese späteren Länderverfassungen schließlich fertig waren, waren Nationalsozialismus und Krieg schon fünf oder sechs Jahre vorbei. Zerstörung, Zusammenbruch und der Hunger verschwanden langsam. Dafür stritten sich nun die demokratischen Parteien um den besten Weg in die Zukunft, wie das in Demokratien so üblich ist. Wie können wir, die wir das Land regieren wollen, den Kampf um die Macht so organisieren und die Macht selbst so verteilen, dass das Beste für alle dabei herauskommt? – das war nun die wichtigste Frage. Nordrhein-Westfalen hat eine der späteren Verfassungen. Sie ist nicht festlich und nicht feierlich. Sie enthält keine großen Absichten. Sie ist eine Art Gebrauchsanweisung für den Umgang miteinander, mit Interessen, mit Streit und mit Macht. Man kann das schon am Umfang sehen. Hessens Verfassung aus dem Jahr 1946 hat 160 Artikel, die Bremer Verfassung von 1947 hat 155. Die vier bzw. drei Jahre jüngere Verfassung von Nordrhein-Westfalen bestand anfangs nur aus 91 Artikeln – heute sind es 92. Ob sie deswegen schlechter ist? Immerhin hat sie nun sechzig Jahre ganz ordentlich funktioniert.

Wie ist es nun zu dieser Verfassung gekommen? Nun, zunächst einmal trat ein Parlament Nordrhein-Westfalens zusammen. Gut ein Jahr nach Kriegsende versammelte sich dieses erste Parlament. Es war nicht gewählt worden. Die englischen Sieger hatten seine Mitglieder ausgesucht. Sie hatten sichergehen wollen, dass die Deutschen nicht wieder Nationalsozialisten und Friedensfeinde an die Macht brachten. Ein Gebäude für das Parlament gab es nicht. Düsseldorf, die Landeshauptstadt, war wie fast alle größeren Städte ziemlich kaputt. Der Landtag traf sich in den ersten drei Jahren im Theatersaal der Waschmittelfirma Henkel. Der war weit weg von der Innenstadt, ziemlich dunkel und hatte zu wenige Fenster. Aber immerhin passten alle hinein, wenn auch nur so gerade. Die Parlamentarier waren Gäste im Theatersaal. Wenn die Mitarbeiter von Henkel Theater spielen wollten, mussten sie Platz machen. Wenn die Henkel-Weihnachtsfeier anstand, auch.

Ein Jahr später, 1947, wurde erstmals ein Landtag gewählt. Die Konservativen von der CDU erhielten

die meisten Stimmen, die Sozialdemokraten von der SPD die zweitmeisten. Außerdem waren noch die Kommunisten von der KPD im Parlament, die Liberalen von der FDP und eine katholische Partei, das Zentrum. Die Abgeordneten wählten eine Regierung und einen Ministerpräsidenten. Der kam von der CDU, hieß Karl Arnold und regierte neun Jahre lang. Es hat nach 1947 noch drei Jahre gedauert, bis die Verfassung endlich fertig war. Drei Jahre sind eine ziemlich lange Zeit. Aber die Abgeordneten sind nicht faul gewesen. Zunächst waren sie vor allem mit der Frage beschäftigt, wie die Menschen im Land überleben sollten. Hunger, Kälte und fehlende Wohnungen, das waren

die größten Probleme. Dem Innenminister Walter Menzel war es fast peinlich, dass daneben auch über die Verfassung geredet werden sollte. Gegen den leeren Kochtopf, die kalte Heizung und das fehlende Dach über dem Kopf helfe das wenig, das wisse er. Aber es sei trotzdem wichtig, schließlich müsse auch über die Verteilung von Essen, Getränken, Kohle und Steinen nach festen Regeln entschieden werden.

Als dann klar wurde, dass die Engländer, Franzosen und Amerikaner gemeinsam ein kleines Deutschland gründen wollten, wurde die Arbeit an der nordrhein-westfälischen Verfassung unterbrochen. Erst das Grundgesetz für das neue Deutschland, dann die Verfassung für das Land Nordrhein-Westfalen, hieß die Devise. Als 1949 die Arbeit wieder aufgenommen wurde, kam es zu einem heftigen Streit, der die Verfassung fast zum Scheitern gebracht hätte. Es ging um die Schule. Um die Schule?, wirst du fragen. Warum war die so wichtig? Dafür muss ich eine weitere Geschichte erzählen.

Warum war Schule so wichtig?

Es ist ein großes Glück, dass du lesen kannst und ich schreiben kann. Erstens, weil sonst dieses Buch nicht existierte und damit der Verleger das Geld nicht verdienen würde, das er braucht, um Brötchen zu kaufen und mit seinen Söhnen ins Kino zu gehen. Zweitens, weil es in der Geschichte ganz ungewöhnlich ist, dass beinahe alle Menschen in einem Land lesen und schreiben können. Vor 200 Jahren, als über die ersten Verfassungen nachgedacht wurde, konnten mehr als die Hälfte der Menschen in Deutschland weder lesen noch schreiben. Sie unterschrieben Verträge, indem sie drei Kreuze machten (und ein Notar schriftlich bestätigte, dass er gesehen hatte, wer die drei Kreuze gemacht hatte). Meistens aber verabredeten sie Geschäfte und bestätigten sie per Handschlag, weil sie eine Abmachung ja weder aufschreiben noch durchlesen konnten. Wahrscheinlich konnten die Menschen sich damals viel mehr Dinge merken als wir heute. Vergesslichkeit und Schusseligkeit können sich nur Menschen leisten, die entweder reich sind oder das Wichtigste aufgeschrieben haben.

In der Zeit, in der die Verfassungen in Deutschland entstanden und in Richtung Demokratie verändert worden sind, hat sich auch das Lesen und Schreiben allgemein verbreitet. Die Schulpflicht wurde durchgesetzt und der Unterricht wurde verbessert. Dabei spielten die Kirchen eine wichtige Rolle. Kirchen gab es in jedem Ort, natürlich auch im Rheinland und in Westfalen. Pfarrer sorgten für Unterricht. Ob sie es gut machten, ob sie vielleicht zu viel auf Bibelunterricht und zu wenig auf Rechnen und andere Fähigkeiten achteten, war umstritten. Die Geschichte des allgemeinen Lesen- und Schreibenlernens war auch die Geschichte der Frage, ob die Kirchen und ihre Pfarrer in der Schule das Sagen haben sollten oder der Staat und seine Aufsichtsbeamten. Und dann gab es ja noch unterschiedliche Pfarrer: katholische und evangelische. Es gab natürlich auch katholische und evangelische Kinder. Ende des 19. Jahrhunderts gab es in den Städten auch Kinder, die keiner Konfession angehörten und deren Eltern das auch gut fanden. Sollten die alle zusammen unterrichtet werden? Das ging doch gar nicht, wenn Religion und Bibelunterricht ganz wichtig sein sollten.

Bis zum Zweiten Weltkrieg gab es das Problem unterschiedlicher Konfessionen vor allem in den Städten. In den Dörfern gehörten fast immer alle Kinder einer Konfession an: entweder waren sie alle katholisch oder evangelisch. Nach dem Zusammenbruch, mit kaputten Städten und den vielen Flüchtlingen aber wur-

den Familien und Dörfer durcheinander gewirbelt. Nun gab es in jedem nordrhein-westfälischen Dorf Kinder unterschiedlicher Konfession. Die einen waren dort geboren worden. Die anderen waren dort hingegangen, weil ihre Heimat besetzt, zerbombt oder sonst wie verloren gegangen war.

Vor allem sozialdemokratische und liberale Politiker schlugen daher vor, in den Schulen das Thema Religion nicht mehr so wichtig zu nehmen. Es sollte keine katholischen und keine evangelischen Schulen mehr geben, sondern christliche Gemeinschaftsschulen oder, noch besser, Schulen, in denen Religion nur noch ein Fach neben anderen wäre und nicht mehr der Boden für das Ganze.

Diese Idee machte vor allem christlich-konservative Politiker wütend. Religion ist die Grundlage von allem, sagten sie. Kinder müssen Religion haben. Also sollten, wo die Eltern das wünschten, katholische und evangelische Schulen eingerichtet werden.

Das ist doch Unsinn, sagten sozialdemokratische und liberale Politiker. Auf den Dörfern kriegen wir dann ganz kleine Schulen. Die sind teuer, die Lehrer werden keine Lust haben, dort zu unterrichten, die Schüler werden nichts lernen. Lasst uns neue, moderne Gemeinschaftsschulen machen.

Ausgeschlossen, sagten die Christlichen und Konservativen. Ihr vernichtet die Religion und dann gibt es nichts mehr, was uns hält. Das kann niemand verantworten.

Du und ich, wir können diesen Streit kaum noch verstehen. Wir könnten den Kopf schütteln oder lachen. Aber damit würden wir nur zeigen, dass wir noch keine richtigen Historiker sind. Historiker wissen, was es bedeutet, dass die Zeit vergeht. Historiker wissen, dass wir nicht normal sind. Wir sind ebenso wenig normal wie die Menschen vor sechzig Jahren und die Menschen in sechzig Jahren. Manches in unserem Denken wird Menschen in sechzig Jahren lächerlich vorkommen. Historiker müssen versuchen zu verstehen, wie und warum andere Menschen anders denken als wir. Nach 1945 glaubten alle, dass die Schule ganz wichtig für die Zukunft sein würde. Und im Zentrum der Schule stand die Frage nach der Religion. Ein ganzer Abschnitt der Verfassung – 17 Artikel von damals insgesamt nur 91 – widmete sich dem Thema Schule und Religion.

Damit eine Katastrophe wie Nationalsozialismus, Krieg und Zusammenbruch nie wieder vorkommt, brauchen wir das Christentum, sagten die einen. Wir alle müssen wieder christlicher werden. Am besten ist es, wenn wir bei den Kindern und in der Schule anfangen.

Nein, nein, sagten die anderen. Lasst uns nach vorn schauen und auf den religiösen Streit der Vergangenheit verzichten. Lasst uns die Kinder so erziehen, dass Religion sie nicht trennt. Und beide meinten das ganz ernst.

In Nordrhein-Westfalen haben sich die Parteien in der Schulfrage nicht einigen können. Am Ende haben sich die Christlichen und Konservativen durchgesetzt. In die Verfassung wurde hineingeschrieben, dass die Eltern das Recht haben sollten, katholische oder evangelische Schulen zu verlangen, selbst wenn dann die einzelnen Schulen nur ganz klein sein würden. Die Liberalen und Sozialdemokraten haben daraufhin gegen die Verfassung gestimmt. Wegen der Schulfrage. Sie haben verloren.

Damit ist die Geschichte aber nicht zu Ende. Später haben die Liberalen und Sozialdemokraten doch noch gewonnen. Denn nach achtzehn Jahren ist die Verfassung wieder geändert worden. Die Christlichen und Konservativen hatten mittlerweile eingesehen, dass die Menschen in Nordrhein-Westfalen nicht alle wieder christlicher werden wollten. Und sie glaubten nun auch, dass ganz kleine Schulen abgeschafft werden müssten, selbst wenn dann katholische und evangelische Schüler gemeinsam unterrichtet würden. Deshalb wurde der Artikel 12 der Verfassung ganz neu geschrieben. Damit waren die Politiker in Nordrhein-Westfalen übrigens nicht allein. Auch in Bayern, Baden-Württemberg, Rheinland-Pfalz und im Saarland wurden Ende der 1960er Jahre die Verfassungen geändert. Auch dort wurde die Bindung von Schule und Religion gelockert.

Es ist ein Glück, dass du lesen kannst und ich schreiben kann. Historiker wissen, wie außergewöhnlich es ist, dass wir beide das können. Kirchen und Staat sind an diesem Glück beteiligt gewesen. In der Geschichte unserer Verfassung zeigt sich das. Und es zeigt sich auch, dass Staat und Kirche in den sechzig Jahren unserer Verfassung unterschiedlich wichtig gewesen sind. Kirchen und Christen haben vor sechzig Jahren davon geträumt, die ganze Gesellschaft wieder christlich machen zu können. Sie haben sich

angestrengt, ihren Traum in der Verfassung zu verwirklichen. Konservative Politiker haben ihnen dabei
geholfen. Auch sie glaubten und hofften, dass die Zukunft kirchlich-christlich sein würde. Aber so ist es
nicht gekommen.

Eine Verfassung macht Regeln, nach denen sich
Menschen im wirklichen Leben beim Kampf um die
Macht und die Gestaltung der Zukunft zu richten haben. Aber das wirkliche Leben hat auch eine Macht,
mit der die Verfassung auskommen muss. Die Verfassung muss sich nach der Wirklichkeit richten, nicht
umgekehrt. Auch deshalb wird sie gelegentlich geändert.

Wie fängt die Verfassung an?

Jeder Text beginnt mit dem ersten Satz. Der erste Satz ist immer der schwerste. Er soll neugierig machen. Er soll sagen, worum es in dem Text geht. Am besten ist es, wenn er das Ganze des Textes schon in sich hat. So wie im Samen die Blume steckt oder im Kern der Apfelbaum. Aber das gelingt nicht immer.

Bei der Verfassung ist das nicht anders. Der erste Satz einer Verfassung heißt Präambel. Darin wird gesagt, wer die Verfassung gemacht hat, aus welchem Grund das geschehen ist und welche Ziele verfolgt werden. Die Präambel ist so etwas wie die Garderobe,

an der die restlichen Sätze aufgehängt oder ange-
hängt werden. Wenn die Garderobe gut gebaut ist, erfüllt sie ihren Zweck. Die meisten Menschen interessieren sich zwar nur für die Jacken. Aber ohne die
Garderobe würden die Jacken in der Luft hängen und
in sich zusammenfallen. Die Präambel hält die restlichen Sätze zusammen. Sie ist daher etwas umständ-
lich gebaut.

Und so geht ihr Text:
„In Verantwortung vor Gott und den Menschen, verbunden mit allen Deutschen, erfüllt von dem Willen,
die Not der Gegenwart in gemeinschaftlicher Arbeit
zu überwinden, dem inneren und äußeren Frieden zu
dienen, Freiheit, Gerechtigkeit und Wohlstand für alle
zu schaffen, haben sich die Männer und Frauen des
Landes Nordrhein-Westfalen diese Verfassung gegeben".

Total kompliziert? Stimmt. Aber auch wunder-
schön. Denn die gesamte Geschichte der Verfassung,
die ich bisher erzählt habe, steckt in diesem Satz. Er-
innerst du dich noch an die Könige und Fürsten, die
behauptet hatten, ihre Macht stamme von Gott? In
unserer Verfassung kommt Gott noch vor. Aber niemand behauptet mehr, dass Gott die Verfassung gemacht habe. Menschen haben die Verfassung gemacht.
Die „Männer und Frauen des Landes Nordrhein-Westfalen" sind es gewesen. Sie haben die Verfassung so
gemacht, dass Gott und die anderen Menschen zufrieden sein können. Jedenfalls glauben sie das. Könige
und Fürsten gibt es nicht mehr. Die sind abgeschafft
und keiner will sie wiederhaben.

Nationalsozialisten und Besatzungsmächte kommen in der Präambel nicht vor. Beide waren direkt nach dem Krieg ganz wichtig gewesen. Die einen als schlechtes Beispiel, die anderen als diejenigen, die die Macht hatten und den Deutschen langsam etwas davon abgaben. In den ersten Verfassungsentwürfen war daher von beiden noch ausführlich die Rede gewesen. Doch 1950, fünf Jahre nach Ende des Krieges, wollten die „Männer und Frauen des Landes Nordrhein-Westfalen" deutlich machen, dass sie allein entschieden hatten und dass sie nach vorn schauen wollten, und nicht mehr zurück.

Die Menschen, die die Verfassung gemacht haben, fühlen sich „verbunden mit allen Deutschen". Sie wollen nicht einen selbständigen Laden aufmachen, sondern Teil Deutschlands sein. Wie dieses Deutschland aussehen soll, ist nicht klar. Die Verfassungsmacher wissen, dass ihr Land ein Teil eines kleinen Deutschlands ist, das die Engländer, Franzosen und Amerikaner soeben gegründet haben. Sie wünschen sich, dass das andere kleine Deutschland, das in der sowjetischen Besatzungszone entstanden ist, mit dem westlichen Deutschland zusammenkommt. Und sie denken auch an die Deutschen, die außerhalb der beiden deutschen Staaten wohnen. Niemand weiß 1950, ob die Gebiete, in denen sie leben, noch einmal Deutschland sein werden. Deswegen heißt es etwas allgemein „verbunden mit allen Deutschen". In einem der ersten Entwürfe war 1947 noch von der „unlösbaren Verbundenheit mit dem Reich" die Rede gewesen. Aber 1950 war nicht mehr sicher, ob Deutschland noch einmal ein Reich sein würde. Die meisten Deutschen waren bescheidener geworden.

Deutschland war 1950 immer noch ziemlich kaputt. Den Menschen ging es nicht gut. Das sagt die Präambel auch. Aber sie sagt es nicht mehr so deutlich wie die ersten Entwürfe. Die hatten noch von „Not und Elend" gesprochen, die in „gemeinsamer Wiederaufbauarbeit" überwunden werden müsse. Jetzt geht es nur noch um „Not" und „Arbeit", und die Zukunft sieht schon etwas rosiger aus als in den schlimmen Hungerjahren direkt nach dem Krieg. Die Verfassung soll helfen, dass es allen noch besser geht. Aber anders als knapp zwanzig Jahre zuvor, als die Nationalsozialisten die Macht gehabt hatten, sollen mit dem Wohlstand auch Freiheit und Gerechtigkeit wachsen. Auf keinen Fall soll, wenn es allen besser geht, wieder ein Krieg alles zerstören. Nein, die Menschen in Nordrhein-Westfalen wollen mit allen Deutschen dem Frieden dienen. Damit sollen die Belgier und Niederländer beruhigt werden, die eine gemeinsame Grenze mit Nordrhein-Westfalen haben, und die Franzosen, Engländer und Luxemburger, die nicht weit entfernt wohnen. Wir haben verstanden, sagen die Verfassungsmacher. Wir werden euch nicht noch einmal überfallen. Wir wollen den Frieden. Deutschland ist nicht mehr gefährlich und Nordrhein-Westfalen, das industrielle Herz des kleinen Deutschlands im Westen, ist es schon gar nicht.

Die Präambel ist eine Art Garderobe, an der die einzelnen Artikel der Verfassung aufgehängt werden. Woran hängen die Verfassungsartikel unseres Landes? Sie hängen an großen Begriffen wie Frieden, Freiheit, Gerechtigkeit, Wohlstand und Überwindung von Not durch Arbeit. Sie hängen an der Voraussetzung, dass wir Bürger selbst die Verfassung machen. Wir müssen anderen Menschen und auch Gott, wenn wir an ihn glauben, deutlich machen können, warum wir diese Verfassung für richtig halten. Das sind ziemlich große Worte. Vor sechzig Jahren waren große Worte den Menschen wichtig, die dem Elend von Nationalsozialismus und Krieg gerade entkommen waren. Wir hätten es wohl gern eine Nummer kleiner. Aber eine Verfassung ist auch ein Ansporn. So hoch haben die Menschen vor sechzig Jahren die Latte gelegt. Sollen wir einfach darunter durchlaufen?

Was kommt danach?

Nach der Präambel kommen die 91 Verfassungsartikel – seit 1969 sind es 92. Sie sind sortiert in drei große Abschnitte. „Von den Grundlagen des Landes" heißt der erste und kürzeste Abschnitt. Er hat nur drei Artikel mit insgesamt etwas mehr als 60 Wörtern. In ihnen wird das Grundsätzliche geregelt: Dass das Land aus Gemeinden besteht, wer die Gesetze macht und wer die Verwaltung und die Rechtsprechung ausübt.

Dann kommt ein längerer zweiter Teil. Er trägt die Überschrift: „Von den Grundrechten und der Ordnung des Gemeinschaftslebens". Die Grundrechte sind das Wichtigste und kommen daher zuerst. Sie sagen, dass alle Menschen vor dem Gesetz gleich sind. Derjenige, der mehr Geld, schönere Augen oder stärkere Muskeln hat, bekommt nicht eher Recht als der mit weniger Geld, nicht ganz so schönen Augen oder schlappen Oberarmen. Sie sagen, dass jeder seine Meinung sagen darf, solange er niemanden beleidigt. Sie sagen, dass niemand uns verbieten darf, uns in der Öffentlichkeit zu treffen, dass wir Vereine und Verbände bilden dürfen. Es gibt noch mehr Grundrechte. 1949 sind sie für das kleine Deutschland der englischen, französischen und amerikanischen Besatzungsmacht im Grundgesetz festgelegt worden. Ein Jahr später hat sich die Verfassung des Landes Nordrhein-Westfalen damit begnügt, zu sagen, dass die Grundrechte des Grundgesetzes auch Bestandteil dieser Verfassung sind, ohne sie erneut aufzuzählen. Nach den Grundrechten sagt der zweite Teil der Verfassung etwas über die Familie und über die Schule. Dass das der Grund war, weshalb die Sozialdemokraten und Liberalen die Verfassung erst nicht gut fanden, wissen wir schon. Dann steht im zweiten Teil noch etwas über Kunst und Wissenschaft, dann über Arbeit und Wirtschaft.

Der dritte Teil der Verfassung ist der längste. Er heißt „Von den Organen und Aufgaben des Landes". Da geht es um das Schokoladenproblem, das das eigentliche Verfassungsproblem ist. Wie soll die Macht verteilt werden, wer bekommt wie viel davon, wie kann dafür gesorgt werden, dass keiner zu viel davon bekommt oder sich zu viel Macht nimmt?

Warum das Schokoladenproblem erst so spät kommt, obwohl ich doch gesagt habe, dass es der eigentliche Grund dafür ist, dass es Verfassungen gibt? Warum es den dritten und nicht den ersten Teil bildet? Die Verfassung will erst sagen, was so wichtig ist, dass die Machthabenden des dritten Teils, wer immer es sei, auf keinen Fall daran etwas ändern sollen. Grundlagen und Grundrechte! Familie! Bestimmte Grundregeln für Schule, Kunst, Wissenschaft, Arbeit und Wirtschaft! Diese Dinge sollen bleiben, egal, was die gerade Machthabenden darüber denken. Nur unter ganz bestimmten, schwierig zu erfüllenden Bedingungen kann hier etwas geändert werden. Bei den Grundrechten ist man noch strenger: „In keinem Fall darf

ein Grundrecht in seinem Wesensgehalt angetastet werden", heißt es im Grundgesetz. Solange das Gesetz gilt, dürfen also die mit den dicken Oberarmen nie mehr Recht bekommen als die mit den schlappen, die Reichen nie mehr als die Armen, die Schönen nie mehr als die Hässlichen. Das hat doch etwas Beruhigendes, oder?

Wer sind nun diejenigen, die die Macht unter sich aufteilen? Die Verfassung nennt zunächst den Landtag in Düsseldorf, die Versammlung der Abgeordneten also, die alle erwachsenen Bürger wählen. Er kommt zuerst, weil er die Vertretung des Volkes ist. In zwanzig Artikeln wird beschrieben, wie der Landtag gewählt wird, was die Abgeordneten dürfen (zum Beispiel Gesetze verabschieden oder umsonst Eisenbahn fahren), wie der Landtag arbeiten soll usw. Der Landtag gibt die Gesetze, nach denen wir uns zu richten haben.

Dann kommt die Landesregierung. Vorneweg steht der Ministerpräsident. Er wird vom Landtag gewählt, ernennt seine Minister und ist deren Chef. Die Verfassung regelt die Wahl und die Zusammenarbeit von Landesregierung und Parlament. Sie bestimmt, was der Ministerpräsident und seine Minister dürfen (zum Beispiel Landesbeamte ernennen) und was nicht. Außerdem wird festgelegt, wie Gesetze gemacht werden.

Dann kommen die Gerichte. Davon gibt es mehrere Sorten. Manche urteilen darüber, ob jemand eine Bank überfallen oder die Äpfel des Nachbarn geklaut hat. Andere aber, und die sind der Verfassung besonders wichtig, stellen fest, ob die Anordnungen der Verwaltung, die die Regierung eingesetzt hat, den Gesetzen entsprechen. Und dann gibt es noch den Verfassungsgerichtshof in Münster. Er kann untersuchen, ob die Gesetze, die Regierung und Landtag machen, der Verfassung entsprechen. Der Verfassungsgerichtshof ist so etwas wie eine besonders grummelnde Garderobenfrau. Denn es hängen nicht nur die Verfassungsartikel an der Garderobe der Präambel, wie wir eben gesehen haben. Die 91 oder heute 92 Verfassungsartikel insgesamt sind auch eine – etwas größere – Garderobe für alle Gesetze, die im Parlament beschlossen werden. Die Gesetze des Landes hängen an der Garderobe der Verfassungsartikel. Im Zweifelsfall entscheidet die grummelnde Garderobenfrau, also das Verfassungsgericht, ob eine Jacke, also ein Gesetz,

wirklich an die Garderobe passt oder dort nicht aufgehängt werden kann. Die Mitglieder des Verfassungs-
gerichts wiederum werden zum größeren Teil vom
Landtag gewählt. Am Ende ist es also wieder wie bei
der Regel „Du teilst, ich such' aus". Nicht ein Oberchef
entscheidet alles, sondern alle, die entscheiden, hängen
so zusammen, dass jeder auf den anderen aufpasst,
und alle einen Vorteil davon haben.

Der dritte Teil der Verfassung enthält dann noch
Artikel über die Verwaltung. Am Ende stehen Aussa-
gen zum Finanzwesen. Das hört sich langweilig an,

ist es aber nicht. Es geht um die Frage, wie das Land das Geld einsammelt, das es zur Erledigung seiner Aufgaben braucht, und wie kontrolliert wird, dass das Geld richtig eingesammelt und wieder ausgegeben wird. Wie wichtig dieser Teil der Verfassung ist, zeigt sich daran, dass von den acht Artikeln nur zwei heute noch so aussehen, wie sie 1950 beschlossen worden sind. Der Rest ist mindestens einmal geändert worden.

Bei dem Schokoladenproblem waren nur zwei Geschwister beteiligt. Die Regel „Du teilst, ich such' aus", kann daher einfach sein. Sie besteht aus einem einzigen Satz. In einem Bundesland sind mehr Menschen beteiligt. Es wird nicht nur Schokolade verteilt. Es wird überhaupt nicht nur verteilt, sondern auch eingesammelt. Vor allem Geld. Die Regeln des Einsammelns und Ausgebens betreffen alle Menschen im Land. Und außer diesen gibt es noch viele andere Regeln, die Gesetze heißen, und die andauernd neu gemacht, abgeändert oder auch abgeschafft werden. Alles das muss möglichst zweckmäßig geschehen. Keiner darf zu viele Vorteile für sich bekommen. An der deutschen Geschichte, am Nationalsozialismus und am Zweiten Weltkrieg kannst du sehen, dass die Folgen einer nicht funktionierenden Verfassung viel schlimmer sind als die einer nicht funktionierenden Schokoladenverteilung. Deshalb braucht die Verfassung mehrere Grundregeln, die aufeinander abgestimmt sind. Sie braucht Einrichtungen und Ämter, die sich gegenseitig kontrollieren und die Arbeit tun, die für unser Land notwendig ist. Eine Verfassung hört sich daher kompliziert und langweilig an. Sie ist aber gar nicht so kompliziert, verglichen mit den Problemen, die sie lösen soll. Sie ist auch nicht langweilig, sondern spannend – wenn du bereit bist zu verstehen, warum es sie gibt und was sie will.

Warum ist die Verfassung geändert worden?

Verfassungen werden so geschrieben, dass sie lange halten. Würden sie nicht lange halten, wären sie untauglich. Eine Regel, die jeden Tag geändert wird, ist keine Regel. Aber weil die Welt sich verändert, weil unser Land sich verändert, weil wir uns verändern, weil nichts für immer normal ist, und wir alle eine Geschichte haben, stehen in Verfassungen auch merkwürdige Dinge. Dinge, die die Verfassungsmacher für ganz wichtig und immer gültig gehalten haben, die wir aber mittlerweile ziemlich unmodern und gar nicht mehr wichtig finden. Du kannst das am Artikel 29 der Verfassung sehen. Der Artikel hat drei Sätze. Sie lauten:

„Die Verbindung weiter Volksschichten mit dem Grund und Boden ist anzustreben. Das Land hat die Aufgabe, nach Maßgabe der Gesetze neue Wohn- und Wirtschaftsheimstätten zu schaffen und den klein- und mittelbäuerlichen Besitz zu stärken. Die Kleinsiedlung und das Kleingartenwesen sind zu fördern."

Die Verfassungsmacher haben vor sechzig Jahren gedacht, dass es sehr gut wäre, wenn jeder Mensch mindestens einen Garten hätte. Besser noch wäre ein kleiner Acker, damit man dort Kartoffeln ernten kann, Rüben, Erbsen, Möhren und Stachelbeeren. Am besten wäre es, wenn möglichst viele Menschen Bauern würden. Nicht wenige Bauern sollten viel Land besitzen, sondern viele Bauern sollten sich das Land teilen. Weil doch mehr Kartoffeln, Rüben, Erbsen, Möhren und Stachelbeeren geerntet würden, wenn jeder Bauer nur auf ein kleines bisschen Land aufzupassen hätte.

Die Verfassungsmacher kamen auf diese Ideen, weil 1950 Nahrungsmittel immer noch knapp waren. Zwei Jahre zuvor hatten die Deutschen kurz nach dem verlorenen Krieg noch gehungert. Wenn möglichst viele Menschen sich selbst versorgen könnten, würde eine solche Notlage nicht so schnell wieder eintreten, glaubte man. Außerdem sei es grundsätzlich gut, wenn wir alle gelegentlich Erde anfassen, Bäume pflanzen, Gemüse wachsen sehen und Lebensmittel selbst herstellen würden.

Wie bei den Schulen ist auch hier die Welt ganz anders geworden. Die Politik hat das nicht ändern können. Es gibt immer weniger Bauern. Jeder einzelne Bauer hat viel mehr Land als vor sechzig Jahren. Er beackert es mit großen Maschinen. Er braucht wenige Mitarbeiter. 1950 gab es noch besondere Ferien, damit die Schulkinder den Bauern beim Aufsammeln der Kartoffeln helfen konnten. Kartoffelferien hießen die. Das ist heute nicht mehr nötig. Deshalb heißen diese Ferien heute Herbstferien und werden verwendet, um einen kurzen Urlaub zu machen, das Kinderzimmer

zu streichen oder Verwandte zu besuchen und deren Kindern Schokolade mitzubringen. Die meisten von uns pflanzen keine Bäume, ernten keine Stachelbeeren und werden das auch nie in ihrem Leben tun. Wir vermissen es nicht einmal. Unsere Nahrungsmittel kommen nicht nur aus Nordrhein-Westfalen, auch nicht nur aus Deutschland, sondern aus der ganzen Welt.

Ist also der Artikel 29 mit seinen drei merkwürdigen Sätzen ganz und gar überflüssig? Ist er nur noch für die Historiker wichtig, weil er zeigt, woran Menschen einmal geglaubt und was sie einmal für wichtig gehalten haben? Die Politiker in Nordrhein-Westfalen haben eine andere Idee gehabt. Sie haben 1985 zu den drei Sätzen drei weitere hinzugefügt. Die heißen folgendermaßen:

„Die natürlichen Lebensgrundlagen stehen unter dem Schutz des Landes, der Gemeinden und Gemeindeverbände. Die notwendigen Bindungen und Pflichten bestimmen sich unter Ausgleich der betroffenen öffentlichen und privaten Belange. Das Nähere regelt das Gesetz."

Die neuen drei Sätze tragen das Anliegen der alten drei Sätze in eine andere Zeit. Es kann wohl nicht mehr das Ziel sein, möglichst viele Menschen in Nordrhein-Westfalen zu Kleinbauern und Kleingärtnern zu machen. Aber dennoch müssen wir alle darauf achten, dass das Land und die Pflanzen, die darauf wachsen, erhalten bleiben. Darum sollen sich die Verwaltungen des Landes und seiner Gemeinden kümmern. Auch die großen Bauern, die es heute gibt, dürfen nicht alles mit ihrem Land machen. Sie müssen darauf

Rücksicht nehmen, dass die Pflanzenwelt und die Landschaft erhalten bleiben. Manchmal, das meint der zweite der drei neuen Sätze, sind die Interessen aller wichtiger als die Interessen des Einzelnen, selbst wenn ihm das Land gehört, um das es geht. Um die Einzelheiten kann sich die Verfassung nicht kümmern, sonst würde sie zu lang. Das soll, so sagt der letzte der drei neuen Sätze, in Einzelregelungen und Gesetzen gemacht werden.

Wieder 16 Jahre später, im Jahre 2001, ist der erste der drei Sätze noch einmal verändert worden. „Die natürlichen Lebensgrundlagen und die Tiere stehen unter dem Schutz des Landes, der Gemeinden und Gemeindeverbände", heißt er nun. Nicht nur Pflanzen, auch die Tiere sollen erhalten werden. Zum Landschaftsschutz ist der Tierschutz hinzugekommen. So

arbeiten wir an der Verfassung weiter. Artikel 29 ist mehrfach umgeschrieben worden, wie wir gerade gesehen haben. Auch der Artikel 4 ist geändert worden. Er schützt seit 1978 nicht mehr nur die Grundrechte, die im Grundgesetz der Bundesrepublik Deutschland stehen, sondern auch unsere personenbezogenen Daten. Dass das einmal nötig sein würde, hatten die Verfassungsmacher nicht wissen können. Sie haben den Begriff Daten nicht einmal gekannt. Weil sich die Vorstellung von dem geändert hat, was Männer, Frauen, Kinder und Jugendliche tun und lassen sollen, sind auch die Artikel 5, 6 und 7 geändert worden.

Ich will nicht übertreiben. Die Verfassung wird nicht andauernd und in allen Teilen umgeschrieben. Sie wird behutsam verändert, ergänzt, wenn die Wirklichkeit sich zu weit von den Verfassungsbestimmungen entfernt hat. Am besten geschieht das so, dass der Sinn der alten Sätze in eine neue Wirklichkeit transportiert wird.

Warum die Verfassung nicht nur für Historiker ist

Der Lieblingsbaum der Historiker ist die Birke. Birken wachsen auf Eisenbahngleisen, wenn lange kein Zug mehr darüber gefahren ist. Birken wachsen auf Weinbergen, wenn sich kein Weinbauer mehr findet, der die Reben schneidet und das Unkraut weghackt. Birken wachsen auf Feldern, die kein Bauer mehr pflügt, weil es sich für ihn nicht mehr lohnt. Birken wachsen aus dem Dach und aus den Dachrinnen der Kokerei Hansa in Dortmund, die seit zwanzig Jahren keinen Koks mehr herstellt, sondern stillgelegt ist. Birken wachsen auf dem Gelände der Zeche Zollverein in Essen, wo seit zwanzig Jahren keine Kohle mehr gefördert wird.

Birkensamen fliegen weit. Wo sie landen, beginnen sie zu wachsen. Sie wachsen fast überall. Und sie wachsen schnell. Wo Birken wachsen, da haben Menschen aufgehört, sich zu kümmern. Wo Birken wachsen, ist etwas zu Ende gegangen. Da nimmt Geschichte überhand. Wo Birken wachsen, sind Historiker nicht weit. Sie denken darüber nach, warum etwas zu Ende ist. Und sie fragen sich, warum wir anders leben und vielleicht anders leben wollen als die, die vor den Birken da waren.

In Nordrhein-Westfalen wachsen viele Birken. Auf den Äckern, die nicht mehr gepflügt werden, auf Industrieflächen, die nicht mehr benutzt werden. Unser Land verändert sich. Einige Arten zu leben vergehen. Die Bergleute sterben aus. Die Stahlarbeiter werden weniger. Auch Bauern gibt es kaum noch. Vor den Bergleuten und Bauern sind andere Berufe ausgestorben: Es gibt keine Böttcher mehr, keine Seiler, keine Nadler. Dafür gibt es neue Berufe, an die vor sechzig Jahren niemand gedacht hat. Es gibt Kinderpsychologen, Unternehmensberater, Systemprogrammierer und Industriearchäologen.

Wir dürfen also nicht nur auf die Birken achten. Nicht nur Ende ist in unserem Land, sondern auch

Anfang. Die Anfänge sieht man nicht so gut, weil es keine Pflanze gibt, die anzeigt, dass Menschen etwas Neues machen. Außer Schnittblumen vielleicht, die Menschen auf Tische stellen, wenn sie ein neues Haus mit Leben füllen wollen. Aber die sieht man von draußen nicht so gut wie die Birken.

Auf Verfassungen wachsen keine Birken. Das ist klar. Obwohl, wenn man sie lange liegen und verstauben lassen würde – vielleicht würden im Staub kleine Birken wachsen. Das wäre nicht gut. Auf dem Dach des Kölner Doms ist 1974 eine sechs Meter hohe Birke gewachsen. Sie ist gefällt worden, weil befürchtet wurde, dass ihre Wurzeln das Dach kaputt machen würden. Das Dach aber beschützt den Dom, und der wird noch gebraucht. Besser ist es daher, wir schützen die Verfassung, indem wir hineinschauen und sie bewegen. Besser ist es auch, wir ändern sie. Nicht andauernd und grundsätzlich. Sondern gelegentlich und so, dass sie weiter zu uns passt. Damit sich kein Staub bildet. Damit es unsere Verfassung bleibt, die die wichtigen Fragen des Zusammenlebens regelt, wie die Ampel den Straßenverkehr. Wie sehen die Regeln für unser Zusammenleben aus? Was dürfen wir? Was müssen wir? Welche Rechte haben wir, die uns niemand nehmen kann? Wie werden Abgeordnete gewählt?

Indem wir hineinschauen, indem wir lesen und verstehen, indem wir sie gelegentlich ändern, bleibt die Verfassung lebendig. Manche Artikel werden gestrichen, andere entstehen neu. Regeln des Zusammenlebens haben ihre Zeit, weil sich die Menschen verändern, die die Regeln machen. Die Grundidee bleibt.

Sie ist die des Schokoladenproblems: Keiner bekommt alles, jeder hat etwas zu sagen, und alle kontrollieren sich gegenseitig. Doch die Grundidee muss für jede Zeit neu angepasst werden. Deswegen haben Verfassungen Geschichte, deswegen leben sie. Auch die Verfassung von Nordrhein-Westfalen lebt. Wahrscheinlich wird sie noch eine Weile von uns und dann von dir, wenn du größer bist, gepflegt. Nur wenn niemand die Verfassung mehr braucht, wenn sie nicht mehr gepflegt, nicht mehr verändert wird, dann ist sie tot. Dann kommen die Birken und die Historiker. Nicht dass ich etwas gegen Historiker sagen will. Ich bin ja selbst einer. Aber Historiker sind nur nützlich, wenn sie unter vielen anderen Menschen sind. Vergangenheits-, Gegenwarts- und Zukunftsexperten müssen die Verfassung gemeinsam pflegen. Für die Vergangenheit sind die Historiker sachkundig. Die Gegenwart meistern die großen Leute rund um dich herum. Jedenfalls bemühen sie sich. Die Zukunft bist du.

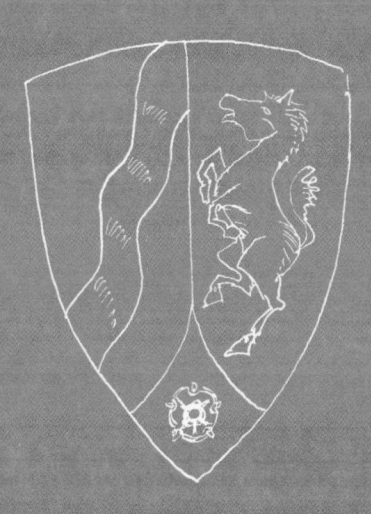